职务犯罪侦查实务教程

张 亮 著

上海交通大学出版社

内 容 提 要

　　职务犯罪侦查是集法律性、政策性、程序性、规范性、实践性为一体的特殊工作，包含着谋略、技巧、手段、程序等众多内容。本书结合大量案例帮助法律院校学生掌握职务犯罪侦查的基本原理以及侦查的各个环节、常识和技巧。

　　本书也可作为各级纪委、监察、行政执法机关等相关部门专业人员的培训教材，有助提高办案能力和规范办案行为。

图书在版编目(CIP)数据

职务犯罪侦查实务教程/张亮著. —上海:上海交通
大学出版社,2010(2019 重印)
　ISBN 978-7-313-06756-2

　I. 职… II. 张… III. 职务犯罪—刑事侦察—研
究　IV. ①D918 ②D914.04

　中国版本图书馆 CIP 数据核字(2010)第 161966 号

职务犯罪侦查实务教程

张 亮 著

上海交通大学出版社出版发行

(上海市番禺路 951 号　邮政编码 200030)
电话:64071208

北京虎彩文化传播有限公司 印刷　全国新华书店经销
开本:787mm×960mm 1/16　印张:15.5　字数:246 千字
2010 年 8 月第 1 版　2019 年 9 月第 6 次印刷
ISBN 978-7-313-06756-2/D　定价:32.00 元

前　言

职务犯罪侦查是一项十分重要和特殊的工作。

因为它的侦查对象往往是掌握着各种公权力的"官员",他们普遍具有高学历、高智商、高技能的特点,与职务犯罪对象作斗争是更高层面的"斗智斗勇"。

因而,职务犯罪侦查是集法律性、政策性、程序性、规范性、实践性为一体的系统工程,它蕴含着政策、法律、谋略、技巧、措施、手段、程序等众多的因素和内容。

随着职务犯罪侦查队伍的新陈代谢,不断有新的法律专业的大学生、部队转业干部等进入检察机关侦查队伍,开始从事职务犯罪侦查的生涯。但是由于种种原因,当前一般的法律院校没有"职务犯罪侦查实务"这门课程,所以,以往进入司法领域工作的法律专业的大学生往往还要有一个重新学习和掌握的过程。

为了让法律专业的大学生在校期间就能开始接触职务犯罪侦查实务,掌握职务犯罪侦查的基本原理和知识,便于进入司法机关、法律部门工作后能够迅速熟悉业务、适应工作要求,华东政法大学的领导及刑事司法学院的领导邀请我在该校开设"职务犯罪侦查实务"课程,我深感荣幸及责任重大。

法律专业的大学生经过一定学年的学习,都有相当的法律理论功底,本课程将注重实践性、实战性、实用性,结合大量的案例让选修本课程的大学生掌握职务犯罪侦查中各个环节和各种因素的基本概念、常识和技巧。这些真实案例皆来自于著者长期从事职务犯罪侦查的经历。

为了不增加同学们学习上的负担,本教材注意简明扼要、言之有物,主要解决"入门"和"基础性"的问题,如果在此基础上学生有需要,可以选择我已出版的专门针对职业检察官的教材。

本教材同样可以作为各级纪委、监察、预防腐败机关、行政执法机关相关部门有关专业人员的培训教材,也可作为有关单位办案业务指导、借鉴教材,以获取其中与各自机关、部门业务相通的知识和内容,切实提高办案能力和规范办案行为。

　　本书的出版得到了华东政法大学王利明副校长、刑事司法学院杨正明院长的大力支持和帮助,在此表示深切的感谢。

　　本教材难免存在疏漏甚至错误,恳请读者包涵并提出宝贵意见。

作　者

2010 年 7 月

目　　录

第1章　职务犯罪侦查概述

教学目的和要求:要求学生了解职务犯罪侦查的概况和基本原理

教学重点和难点:职务犯罪侦查的规范性

教学方法与手段:PPT授课、典型案例讲解

（空白栏供做学习笔记之用）

1.1　职务犯罪的概念

1.1.1　职务犯罪概念

职务犯罪,顾名思义就是利用职务的便利进行犯罪。什么是职务呢? 职务就是经过一定的程序或手续,当事人依照法律或者接受委托,承担相应的职责与责任,是权力和义务的综合体。

职务犯罪就是利用职务的便利进行犯罪。还应该有一种解释,因为职务与权力密切相关,所以,职务犯罪也是权力犯罪。

在司法实践中,不是所有职务都能构成司法实践中约定俗成称之为的"职务犯罪"的,我国法律规定的职务犯罪其职务必须具有公共权力的特征。这个公共权力包括国家机构性质的公权力(国家性);社会团体、机构管理社会公共事务的权力及依据法律成立的各种机构组织中管理公共财产的权力(公务性);职务影响或特定身份与公务活动存在因果关系,而这种因果关系应该作为而不作为、消极作为或滥用职权的行为(关联性)。我国刑法中描述的职务犯罪,就是包含以上"三性"的国家性质的公权力。因此,检察机关侦查的职务犯罪针对的对象必须是具有以上情形特点的国家工作人员。

关于公职职务　在我国,就是国家工作人员承担的职责,它的性质是受国家委托,为国家服务,对国家负责。国家工作人员的范围主要是:国家机关工作人员,国有企事业当中从事管理的人员,国家机关、国有企事业委派到非国有企事业当中从事管理的人员,其他受委托从事公务的人员。这些人员为此通过国家法定的机关和程序所获取的职级、地位、权力的名称,就是职务。这些职务因为又都具有国家的、公共的性质,故为公职职务。它的主要特征是:受国家机关的委派、委托管理国家公共事务;或受国有企事业单位、人民团体的委派、委托经手、经管公共财产、管理公共事务。

关于非公职职务　简单地说,除了公职职务之外的职务,都是非公职职务。例如,外资企业、合资企业、集体企业、民营企业、股份制企业等中的管理人员,他们也都具有职务,如董事长、总经理、总工程师、总会计师、某某部长、某某主任等等。但就性质而言,这些人员都不直接接受国家性质单位的委派、委托及接受俸禄,所承担的职责都不属于公职职务(国家机关、国有企事业委派到这些企业中从事管理的人员除外),因而,相对公职职务而言,这些显然均为非公职职务。

我们现在通常讲的职务犯罪,实际上就是指公权力的犯罪。根据法律的规定,公权力的职务犯罪由国家法律监督机关——检察机关管辖,其侦查职能由检察机关的反贪污贿赂局、反渎职侵权局、民事行政检察部门、监所检察部门等行使。而非公权力的职务犯罪则由公安机关管辖,其侦查职能主要由经济犯罪侦查部门行使。

所以说,职务与权力是外延很大的概念。因为,职务有公职职务,有非公职职务;权力有公权力,有非公权力,有私权力。

检察机关侦查的职务犯罪概念是:

受委派或者受委托担任具体的职务,拥有特定的具体权力的国家工作人员,利用其职务便利,故意或者过失地实施与其职务

有着内在必然联系的、触犯我国刑法且应当受到刑法处罚的
行为。

1.1.2　犯罪主体

构成犯罪的对象,在法律上称之为犯罪主体,职务犯罪的主
体具有以下的范围:

(1) 党政机关工作人员犯罪(国家公务员职务犯罪)。

(2) 司法机关工作人员犯罪(审判机关、检察机关工作人员职
务犯罪)。

(3) 行政执法机关工作人员犯罪(公安、海关、工商、税务等行
政执法机关工作人员职务犯罪)。

(4) 经济管理部门工作人员犯罪(政府组成单位中的经济管
理部门,如通信管理、电力管理、金融管理、港口交通管理等行业、
部门工作人员职务犯罪)。

(5) 国有公司、企业、事业单位中从事管理的人员的犯罪(包
括委派到非国有公司、企业、事业单位中从事管理的人员)。

(6) 人民团体中公职人员的犯罪(工会、团委、妇联等机关工
作人员职务犯罪)。

(7) 金融机构中公职人员的犯罪(国有银行、证券、保险等金
融机构工作人员职务犯罪)。

(8) 其他按公职人员追究刑事责任的犯罪(受委托从事公务
的人员、特定情况下村(居)民委员会干部等)。

1.1.3　犯罪形式

就职务犯罪的形式而言,主要分为两大类:

一类是经济犯罪,即《刑法》中的第八章。贪污贿赂犯罪。包
括贪污罪、贿赂罪、挪用公款罪等共 12 种。经济类犯罪的主要特
征是化公为私、中饱私囊,就是把不该拿的钱款放进了自己个人
或小团体的"口袋"。它侵犯的客体是国家利益,如国家财产、国

家管理秩序、国家公务人员的廉洁性和不可收买性。

一类是渎职犯罪,即《刑法》中的第九章。包括滥用职权罪、玩忽职守罪等 42 种。渎职类犯罪的主要特征是违反国家规定使用权力,并且造成严重后果,即滥用权力或不负责任造成国家财产或人民生命财产严重的损害结果。渎职犯罪构成的主体是国家机关工作人员(公务员)。

职务犯罪,实践中也就是公权力的犯罪,因为其危害的是国家利益和广大人民群众的根本利益,更严重的是它威胁党和国家政权的巩固和国家的长治久安,因而,其社会危害性特别大。所以,惩治职务犯罪是党和国家历来非常重视的一项工作,是宪法和法律赋予检察机关的一项重要的职能,是巩固国家政权的一项重要的措施。

1.1.4　相应法律

《中华人民共和国刑法》(以下简称《刑法》)对犯罪的构成作了明确的界定和规定,其中对有关职务犯罪的规定如下:

1.1.4.1　贪污贿赂类犯罪

1) 贪污罪(第 382 条、第 383 条、第 183 条第 2 款、第 271 条第2 款、第 394 条)

国家工作人员利用职务上的便利,侵吞、窃取、骗取或者以其他手段非法占有公共财物的行为。受国家机关、国有公司、企业、事业单位、人民团体委托管理、经营国有财产的人员,利用职务上的便利,侵吞、窃取、骗取或者以其他手段非法占有国有财物的,以贪污罪追究其刑事责任。

"受理委托管理、经营国有财产"是指因承包、租赁、聘用等原因而管理、经营国有财产。

国有保险公司的工作人员和国有保险公司委派到非国有保险公司从事公务的人员利用职务上的便利,故意编造未曾发生过的保险事故进行虚假理赔,骗取保险金归自己所有的,以贪污罪追究刑事责任。

国有公司、企业或者其他国有单位中从事公务的人员和国有公司、企业或者其他国有单位委派到非国有公司、企业以及其他非国有单位从事公务的人员,利用职务上的便利,将本单位财物非法占为己有的,以贪污罪追究刑事责任。

国家工作人员在国内公务活动或者对外交往中接受礼物,依照国家规定应当交公而不交公,数额较大的,以贪污罪追究刑事责任。

2) 挪用公款罪(第 384 条、第 185 条第 2 款、第 272 条第 2 款)

国家工作人员利用职务上的便利,挪用公款归个人使用,进行非法活动,或者挪用公款数额较大,进行营利活动的,或者挪用公款数额较大、超过 3 个月未还的行为。

国有金融机构工作人员和国有金融机构委派到非国有金融机构从事公务的人员,利用职务上的便利,挪用本单位或者客户资金的,以挪用公款罪追究刑事责任。

国有公司、企业或者其他国有单位中从事公务的人员和国有公司、企业或者其他国有单位委派到非国有公司、企业以及其他单位从事公务的人员,利用职务上的便利,挪用本单位资金归个人使用或者借贷给他人,数额较大,超过 3 个月未还的,或者虽然未超过 3 个月,但数额较大,进行营利活动的,或者进行非法活动的,以挪用公款罪追究刑事责任。

3) 受贿罪(第 385 条、第 386 条、第 388 条、第 163 条第 3 款、第 184 条第 2 款)

国家工作人员利用职务上的便利,索取他人财物的,或者非法收受他人财物,为他人谋取利益的行为。

国家工作人员在经济往来中,违反国家规定,收受各种名义的回扣、手续费,归个人所有的,以受贿罪追究刑事责任。

国有公司、企业中从事公务的人员和国有公司、企业委派到非国有公司、企业从事公务的人员利用职务上的便利,索取他人财物或者非法收受他人财物,为他人谋取利益,或者在经济往来中,违反国家规定,收受各种名义的回扣、手续费,归个人所有的,以受贿罪追究刑事责任。

国有金融机构工作人员和国有金融机构委派到非国有金融机构从事公务的人员在金融业务活动中索取他人财物或者非法收受他人财物,为他人谋取利益的,或者违反国家规定,收受各种名义的回扣,手续费归个人所有的,以受贿罪追究刑事责任。

国家工作人员利用本人职权或者地位形成的便利条件,通过其他国家工作人员职务上的行为,为请托人谋取不正当利益,索取请托人财物或者收受请托人财物的,以受贿罪追究刑事责任。

4) 单位受贿罪(第 387 条)

国家机关、国有公司、企业、事业单位、人民团体索取、非法收受他人财物,为他人谋取利益,情节严重的行为。

5) 行贿罪(第 389 条、第 390 条)

为谋取不正当利益,给国家工作人员以财物的行为。

在经济往来中,违反国家规定,给予国家工作人员以财物,数额较大,或者违反国家规定,给予国家工作人员以各种名义的回扣、手续费的,以行贿罪追究刑事责任。

6) 对单位行贿罪(第 391 条)

为谋取不正当利益,给予国家机关、国有公司、企业、事业单位、人民团体以财物,或者在经济往来中,违反国家规定,给予上述单位各种名义的回扣、手续费的行为。

7) 介绍贿赂罪(第 392 条)

向国家工作人员介绍贿赂,情节严重的行为。

8) 单位行贿罪(第 393 条)

公司、企业、事业单位、机关、团体为谋取不正当利益而行贿,或者违反国家规定,给予国家工作人员以回扣、手续费,情节严重的行为。

9) 巨额财产来源不明罪(第 359 条第 1 款)

国家工作人员的财产或者支出明显超出合法收入,差额巨大,而本人又不能说明其来源是合法的行为。

10) 隐瞒境外存款罪(第 395 条第 2 款)

国家工作人员违反国家规定,故意隐瞒不报在境外的存款,数额较大的行为。

11) 私分国有资产罪(第 396 条第 1 款)

国家机关、国有公司、企业、事业单位、人民团体,违反国家规定,以单位名义将国有资产集体私分给个人,数额较大的行为。

12) 私分罚没财物罪(第 396 条第 2 款)

司法机关、行政执法机关违反国家规定,将应当上缴国家的罚没财物,以单位的名义集体私分给个人的行为。

1.1.4.2　渎职侵权类犯罪

1) 滥用职权罪

国家机关工作人员超越合法限度行使职权,危害国家机关的正常职能活动,致使公共财产、国家和人民利益遭受重大损失的行为,具体包含 16 个罪名。

2) 玩忽职守罪

国家机关工作人员严重不负责任,致使公共财产、国家和人民的利益遭受重大损失的行为,具体包含 9 个罪名。

3) 徇私舞弊罪

司法工作人员或行政执法管理人员为徇私情私利,违反事实和规章、法律,滥用职权或者故意不履行、不正确履行职责,给国家和人民的利益造成或可能造成重大损失的行为,具体包含 15 个罪名。

4) 泄露国家机密罪

违反国家保守秘密法,故意或过失地使国家秘密被不应知悉者知悉,或者使国家秘密超出了接触范围,情节严重的行为,具体包含 2 个罪名。

渎职侵权类的犯罪主体必须是国家机关工作人员,即国家公务员,渎职侵权类犯罪的具体罪名共有 42 个,其共同的特点主要是:国家机关工作人员,超越合法限度行使职权;或者不履行、不正确履行职责;给公共财产、国家和人民的利益造成或可能造成重大损失。

要注意的是,渎职侵权类的犯罪,其不以犯罪人获得多少非法好处为立案标准,它的立案要求,主要在于具体的、实际造成的或可能造成的对人的生命、健康损害的严重后果或者对公共财产造成重大损失的后果。

这类渎职侵权类犯罪的发案率一般是贪污贿赂类犯罪的10％左右,其所有的罪名归纳在两个大类中,即渎职犯罪和国家机关工作人员利用职权实施的侵犯公民人身权利、民主权利犯罪,具体罪名如下:

第一,渎职类犯罪:

(1) 滥用职权罪(第 397 条)

(2) 玩忽职守罪(第 397 条)

(3) 故意泄露国家秘密罪(第 398 条)

(4) 过失泄露国家秘密罪(第 398 条)

(5) 徇私枉法罪(第 399 条第 1 款)

(6) 民事、行政枉法裁判罪(第 399 条第 2 款)

(7) 执行判决失职罪(第 399 条第 3 款)

(8) 执行判决、裁定滥用职权罪(第 399 条第 3 款)

(9) 私放在押人员罪(第 400 条第 1 款)

(10) 失职致使在押人员脱逃罪(第 400 条第 2 款)

(11) 徇私舞弊减刑、假释、暂予监外执行罪(第 401 条)

(12) 徇私舞弊不移交刑事案件罪(第 402 条)

(13) 滥用管理公司、证券职权罪(第 403 条)

(14) 徇私舞弊不征、少征税款罪(第 404 条)

(15) 徇私舞弊发售、抵扣税款、出口退税罪(第 405 条第 1 款)

（16）违法提供出口退税凭证罪（第 405 条第 2 款）

（17）国家机关工作人员签订、履行合同失职被骗罪（第 406 条）

（18）违法发放林木采伐许可证罪（第 407 条）

（19）环境监管失职罪（第 408 条）

（20）传染病防治失职罪（第 409 条）

（21）非法批准征用土地罪（第 410 条）

（22）非法低价出让国有土地使用权罪（第 410 条）

（23）放纵走私罪（第 411 条）

（24）商检徇私舞弊罪（第 412 条）

（25）商检失职罪（第 412 条第 2 款）

（26）动植物检疫徇私舞弊罪（第 413 条第 1 款）

（27）动植物检疫失职罪（第 413 条第 2 款）

（28）放纵制售伪劣商品犯罪行为罪（第 414 条）

（29）办理偷越国（边）境人员出入境证件罪（第 415 条）

（30）放行偷越国（边）境人员罪（第 415 条）

（31）不解救被拐卖、绑架妇女、儿童罪（第 416 条第 1 款）

（32）阻碍解救被拐卖、绑架妇女、儿童罪（第 416 条等 2 款）

（33）帮助犯罪分子逃避处罚罪（第 417 条）

（34）招收公务员、学生徇私舞弊罪（第 418 条）

（35）失职造成珍贵文物损毁、流失罪（第 419 条）

第二,国家机关工作人员利用职权实施的侵犯公民人身权利、民主权利类犯罪:

（36）国家机关工作人员利用职权实施的非法拘禁罪（第 238 条）

（37）国家机关工作人员利用职权实施的非法搜查罪（第 245 条）

（38）刑讯逼供罪（第 247 条）

（39）暴力取证罪（第 247 条）

（40）虐待被监管人罪（第 248 条）

（41）报复陷害罪（第 254 条）

（42）国家机关工作人员利用职权实施的破坏选举罪（第 256 条）

以上所列的渎职侵权犯罪的主体必须是国家机关工作人员（公务员）。那么，国有公司、企业人员是不是就不会构成此类犯罪了呢？

答案是否定的。1999 年 12 月 25 日全国人大常委会通过的《刑法（修正案）》第 2 条，对《刑法》第 168 条作了修改，明确了国有公司人员的渎职行为，可以依法按照"国有公司、企业、事业单位人员失职罪"；"国有公司、企业、事业单位人员滥用职权罪"；以及《刑法》第 167 条规定的"鉴定、履行合同失职被骗罪定罪"处罚。

因此可见，国有公司、企业、事业单位人员不负责任、滥用职权，造成严重损失和后果的，也将被追究刑事责任。

从贪污贿赂和渎职侵权类犯罪来看，可以这样来理解：

（1）贪污犯罪（以侵吞、窃取、骗取或以其他手段非法占有公共财物）

（2）贿赂类犯罪（受贿罪、行贿罪、介绍贿赂罪、单位受贿罪、单位行贿罪、对单位行贿罪，非国家工作人员受贿罪、对非国家工作人员行贿罪）

（3）挪用公款犯罪（将公款进行个人营利、进行非法活动、或为个人使用 3 个月不归还的）

（4）私分国有资产类犯罪（私分国有资产罪、私分罚没财产罪）

（5）渎职侵权类犯罪（在权力行使过程中超越权力授予的范围，造成严重后果的犯罪）

（6）渎职玩忽职守类犯罪（在权力行使过程中不负责任，造成严重后果的犯罪）

为了完整掌握职务犯罪感念，可以参考以下内容予以比照理解：

最高人民法院、最高人民检察院于 2007 年 11 月联合公布《关于执行刑法确定罪名的补充规定（三）》（简称《补充规定》），对适用刑法的部分罪名进行了补充或修改，调整后的新罪名于即日起施行。这一补充规定取消了原来的"公司、企业人员受贿罪"罪名,修改为"非国家工作人员受贿罪"。

这次《补充规定》对刑法的罪名进行调整,是依据《刑法修正案(五)》、《刑法修正案(六)》的规定作出的。

这一补充规定依据刑法修正案(六)的规定,增加了:

(1) 强令违章冒险作业罪

(2) 大型群众性活动重大安全事故罪

(3) 不报、谎报安全事故罪

(4) 虚假破产罪

(5) 背信损害上市公司利益罪

(6) 骗取贷款、票据承兑、金融票证罪

(7) 背信运用受托财产罪

(8) 违反运用资金罪

(9) 组织残疾人、儿童乞讨罪

(10) 开设赌场罪

(11) 枉法仲裁罪"等新罪名

同时《补充规定》调整如下:

取消了原来的"提供虚假财会报告罪"罪名,修改为"违规披露、不披露重要信息罪";取消了原来的"公司、企业人员受贿罪"罪名,修改为"非国家工作人员受贿罪";

取消了原来的"对公司、企业人员行贿罪"罪名,修改为"对非国家工作人员行贿罪";取消了原来的"操纵证券、期货交易价格罪"罪名,修改为"操纵证券、期货市场罪";

取消了原来的"违法向关系人发放贷款罪"罪名,修改为"违法发放贷款罪";

取消了原来的"用账外客户资金非法拆借、发放贷款罪"罪名,修改为"吸收客户资金不入账罪";

取消了原来的"非法出具金融票证罪"罪名,修改为"违法出具金融票证罪";

取消了原来的"窝藏、转移、收购、销售赃物罪",修改为"掩饰、隐瞒犯罪所得、犯罪所得收益罪"。

依据《刑法修正案(五)》的规定,《补充规定》增加了:

(1) 妨害信用卡管理罪

(2) 窃取、收买、非法提供信用卡信息罪

(3) 过失损坏武器装备、军事设施、军事通信罪等新罪名

这次《补充规定》将职务经济犯罪划分为国家工作人员受贿和非国家工作人员受贿,分类更为合理,可以将所有利用职务便利非法收受贿赂的行为囊括在内。比如,以前存在争议的村委会、居委会负责人的索贿、受贿行为;足球及其他各类运动、活动裁判员的索贿、受贿行为;一些不具有管理职能的教学、科研、医务人员的索贿、受贿行为等可以名正言顺地纳入"非国家工作人员受贿罪"的罪名下,使刑事法律更为确切和明晰。

1.1.4.3　商业贿赂类犯罪

1) 概念

商业活动中,经营者为销售或者购买商品、提供或者接受服务而采用给予对方单位或者个人财物或者其他利益的行为。

2) 特征

(1) 行贿主体是从事商业活动的经营者。

(2) 目的明确化。

(3) 手段多样化。

(4) 侵犯客体复杂化。

3) 危害

(1) 从根本上背离了市场经济公平竞争的要求。

(2) 阻碍了市场机制的有效运行,破坏了正常的市场交易秩序。

(3) 加大了交易成本,增加了消费者负担。

(4) 成为滋生腐败行为和经济犯罪的温床。

(5) 损害国内投资环境,降低对外资的吸引力。

(6) 阻碍社会主义和谐社会的发展,造成经济秩序严重混乱,

市场腐败盛行,经济增长乏力,危及社会稳定。

4) 注意要点

(1) 商业贿赂不是一个法律概念。

(2) 其源于公司企业人员受贿罪,演变而来。

(3) 司法实践中没有界定,现刑法均已包含。

(4) 以民法角度而言,有别于刑法上贿赂的概念,其不是刑法中贿赂的某个分支。

(5) 商业贿赂罪不是一个罪名,不是刑法中的某个类罪。

(6) 商业贿赂是一个民刑综合的概念。

1.1.4.4　新型贿赂类犯罪

1) 犯罪行为

最高人民法院、最高人民检察院 2007 年 11 月颁布司法解释,明确以下 10 种贿赂犯罪行为。

(1) 低价买房买车;高价卖房卖车形式收受贿赂。

(2) 收受干股形式收受贿赂。

(3) 开办公司等合作投资形式收受贿赂。

(4) 委托理财形式收受贿赂。

(5) 赌博形式收受贿赂。

(6) 特定关系人挂名形式领取工资。

(7) 特定关系人收受贿赂。

(8) 权属没有变更形式收受贿赂。

(9) 收受贿赂后上交和退还。

(10) 在职时为请托人谋取利益离退休后收受财物。

2) 注意要点

《刑法》修订案(七)的规定:

国家工作人员的近亲属或者其他与该国家工作人员关系密切的人,通过该国家工作人员职务上的行为,或者利用该国家工作人员职权或者地位形成的便利条件,通过其他国家工作人员职务上的行为,为请托人谋取不正当利益,索取请托人财物或者收受请托人财物的,以受贿罪追究责任。

离职的国家工作人员或者其近亲属以及其他与其关系密切的人,利用该离职的国家工作人员原职权或者地位形成的便利条件实施前款行为的,以受贿罪追究责任。

1.1.5 犯罪人员的特点

(1)高学历——公职身份的人员,具有高等院校毕业的学历是基本的要求,当前在公职身份的人员中具有硕士、博士学历的也具有相当的比例,因此,职务犯罪的人员普遍具有高学历是此类犯罪人员的主要特点。

(2)高智商——公职身份的人员一般必须经过特定程序的选拔、考核才能进入单位,其跨进门槛的标准就比普通人群要高,因此,公职身份的人员本身具有比较高的智商,特别在任职过程中有各种形式的学习、考察等不断提高的要求和途径,比较高的智商是职务犯罪人员的基本特点。

(3)高能力——公职身份的人员需要在授权的范围内做好或者完成本职工作,这就需要理解上级的要求及意图,了解工作对象的具体情况,具有解决问题、化解矛盾、获取工作成果的能力,同时也能发现和利用机会或空子,高能力是职务犯罪人员的普遍特点。

(4)高地位——公职身份的人员较一般人群而言,具有比较高的社会地位和身份,如相当多的公职人员是共产党员,其中不乏各级人大代表、政协委员,有的还具有专家、学者、政府特殊津贴获得者等荣誉或者称号,因此,职务犯罪人员其身份相对特殊是显著的特点。

(5)高关系——公职身份的人员因为具有履行职责、行使权力的特殊性,其社会交往的范围比较大,往往利用工作、学习、生活等条件形成了各种关系网,有的还通过不正当的手段建立起特殊的关系或者靠山,这也是职务犯罪人员的重要特点。

1.1.6　犯罪行为的特点

（1）权力性——职务犯罪就是权力犯罪，所以职务犯罪其必然依附职务或者利用权力实施犯罪，有没有利用职务和权力进行犯罪是职务犯罪的主要特点。

（2）智能性——职务犯罪人员普遍具有比较高的智商和相应的知识，因此，职务犯罪人员在实施犯罪过程中必然充满和具有防暴露、反侦查，诸如瞒天过海、浑水摸鱼、嫁祸于人等智能成分。

（3）隐秘性——职务犯罪人员的高学历、高智商决定了其明知道贪污贿赂犯罪的违法性而故意去实施犯罪，因此其必定千方百计要掩盖犯罪行为，一般比较难以发现是普遍特点。

（4）缓发性——职务犯罪往往没有直接的被害自然人，其侵犯的客体比较抽象，加上职务犯罪人员不断的掩盖，因此从作案到案发，相对普通刑事犯罪而言具有比较长的时间。

（5）防范性——职务犯罪人员进行作案，一般经过一定的思考和设计，就是说，一般情况下，其从犯罪预备时就开始进行了防止暴露的充分准备。

（6）变化性——职务犯罪人员的特点决定了其作案的手法变化多端，不断变化和发展，介于罪与非罪之间的情况越来越多就是其重要的特点。

（7）单独性——职务犯罪人员实施犯罪，就一般而言，其单独作案的情况比较多见，主要也是为了防止被发现和暴露，贿赂犯罪中"一对一"的情况居多就是注脚。

（8）团伙性——职务犯罪近年来新的表现为团伙性犯罪增加，利用相互间的权力或不同的环节勾结起来实施犯罪，窝案、串案增多就是一种新的特点。

1.1.7　犯罪领域的特点

一般而言，职务犯罪可以在与公权力有关的任何领域中滋生、蔓延,当前现实生活中主要在以下领域中容易滋生出现。

(1) 政府管理领域——政府对司法、财政、国资、规划、工商、经济、产品、资源、教育、卫生、环保等各个领域的管理,具有这些方面公权力行使权的政府部门往往拥有政策制定、资源分配、法规调控、审核批准、拨调供给、抗灾救济等的实权,一些国家工作人员可能利用这些公权力进行以权谋私、权钱交易,实现个人的私利。

(2) 国企管理领域——国有企业因为属于社会公共利益和公共权力的组成部分,国有企业中行使管理职能的权力执掌者具有国企规划、改制、生产、销售、采购、基建、资金、资源、人力、福利等方面的实权,一些国企管理人员(包括受委派到非国企中从事管理的人员)可能利用这些公权力进行贪污、受贿、挪用公款等的违法犯罪活动。

(3) 事业管理领域——国家事业管理涉及文化、教育、体育、艺术、科研、宣传、出版、影视等系统的各类管理部门,这些管理部门往往也拥有公共权利,在组织、协调、会演、组稿、展示等过程中,一些公权利执掌者如果没有监督和约束,也会经不住种种利益的诱惑,以各种形式表现出为个人或小团体的利益谋取私利的情况。

(4) 社会管理领域——社会管理主要是涉及普通公民社会生活和要求的、以公共权利为基础的管理部门,如社会救济、社会保障、社会治安、移民动迁、计划生育、卫生防疫、兵役动员等,其中一些公权力的执掌者便利用主管或协助管理的职权,以权谋私或滥用权力,甚至不惜以损害公共利益来达到个人贪污、受贿、挪用公款的目的。

1.1.8　易发领域的犯罪表现形式

发生在以上所列四个领域的职务犯罪一般又具有四种表现形式:

（1）谋取私利的个人取向——主要是公权力的执掌者利用手中的公共权力为自己个人谋取直接的私利和好处。他们的目的很明确,就是一切以个人的私利为公权力行使的出发点和归宿,为个人谋取私利是他们的第一需要和最终目标。

（2）谋取私利的裙带取向——主要是公权力的执掌者利用公共权力为自己的亲属谋取直接的利益,最终也是为自己个人从中获得直接的或间接的利益。他们表面上也许自己不谋取直接的私利,但利用公共权力为亲属谋取利益,脱不了最终自己得益的干系。

（3）谋取私利的朋辈取向——主要是公权力的执掌者利用公共权力为自己的熟人、朋友及特定关系人谋取直接的利益,最终也从中获取直接的或间接的利益。他们玩的是"投桃报李"、"秋后算账"的把戏,最终从朋辈处获取财产性的或非财产性(如情色等)的私利。

（4）谋取私利的团体取向——主要是公权力的执掌者利用公共权力,为一定的利益群体谋取直接的或间接的利益,最终也是为自己谋取私利。他们表面上似乎没有将谋取的利益放入自己的囊中,而是表现为特定的小团体利益,但寻根究底最终一定也是为了自己个人的私利。

1.1.9　当前职务犯罪的形态发展主要表现

（1）单一型腐败犯罪向复合型腐败犯罪发展——从腐败犯罪的性质来看,原来的单一型的腐败现在正向复合型的腐败发展。腐败已不是仅仅贪几个钱的问题,而是出现了政治上拉帮结派、利益勾结;经济上贪婪无度、迫切敛财;工作上扯皮推诿、滥用权力;生活上腐化堕落、道德败坏。

（2）个体型腐败犯罪向群体型腐败犯罪发展——从腐败犯罪的规模来看,原来的个体型腐败现在向群体型发展。原来是尽量不让他人知道自己的腐败行径,现在公然勾结相关人员并分工合作,为谋私而形成利益的共同体,腐败犯罪呈利益的集团化。

(3) 生活资料占有型向资本积累型发展——从腐败犯罪的目标来看,原来主要是满足个人或者家庭的生活享受的需要,而现在已经发展成了为迅速积聚资本而不择手段、不顾一切、不计后果地拼命敛财。一些领导干部腐败犯罪案件的金额从几十万元、几百万元、几千万元发展到目前几个亿元。

(4) 域内型腐败犯罪向跨国型腐败犯罪发展——从腐败犯罪的危害来看,原来的腐败犯罪都是发生在域内,程度、影响、危害相对有限,而现在境内外勾结、国内外勾结的腐败犯罪明显突出,无论程度、影响、危害都更加严重,一些腐败犯罪分子还携巨款潜逃国外,引起了世界的关注。

(5) 普通型腐败犯罪向复杂型腐败犯罪发展——从腐败犯罪的表现来看,原来腐败犯罪主要是普通的、常见的表现状态,现在出现了多种情况交织在一起的状态,即违反党纪、政纪、法纪的状态同时存在;涉嫌贪污、贿赂、挪用公款、行贿、巨额财产来源不明等犯罪同时具备,腐败犯罪日趋严重性、复杂化。

1.2　职务犯罪侦查

1.2.1　刑事侦查的范畴

职务犯罪是触犯刑法相关条文的刑事犯罪,因此,职务犯罪侦查隶属于刑事侦查范畴。职务犯罪侦查是我国宪法和法律赋予检察机关的神圣职责,是检察机关法律监督权的一项重要的权能。

职务犯罪侦查,特别是贪污贿赂犯罪侦查隶属于刑事侦查,是刑事侦查的一个重要组成部分。根据我国《刑事诉讼法》的规定,刑事侦查是指公安机关、人民检察院在办理案件的过程中,依照法律进行的专门调查工作和有关的强制性措施。

在我国,贪污贿赂的公职身份的职务犯罪的侦查权属于检察机关,只有检察机关才有权依法对贪污贿赂犯罪案件进行侦查,其他非法定机关、团体、企事业单位或者公民个人都无权实施侦查。

职务犯罪侦查的对象必须是经诉讼程序依法立案的职务犯罪案件及犯罪嫌疑人,也就是说,凡是没有依法立案的,不能对之实施侦查。《刑事诉讼法》第 18 条明确规定:贪污贿赂犯罪案件,由人民检察院立案侦查。对于国家机关工作人员利用职权实施的其他重大的犯罪案件,需要人民检察院直接受理的时候,经省级以上人民检察院决定,可以由人民检察院立案侦查。

1.2.2　特殊主体的刑事侦查

职务犯罪侦查是特殊的刑事侦查,其具有以下特征:

(1) 职务犯罪的主体是必须是国家公职人员——这包括国家机关工作人员,国有公司、企业、事业单位、人民团体中的工作人员,国家机关、国有企业、事业单位委派到非国有公司、企业、事业单位、社会团体中从事管理的人员,以及其他依照法律从事公共职务活动的人员。

(2) 职务犯罪侵犯的客体是复杂客体——其侵犯的是国家和公共管理职能和管理秩序,还侵犯了国家公职人员的廉洁性、不可收买性,侵犯了国家的利益、人民群众的利益,触犯了法律。

(3) 职务犯罪在客观方面表现为以权谋私或滥用权力——其客观表现是违反或偏离了公共职责,以权谋私、权钱交易,或者私用、滥用公共权力,致使国家和人民利益遭受重大损失的行为。

(4) 职务犯罪在主观方面表现为一般故意——职务犯罪主观方面是一般故意犯罪,也有少量的是过失犯罪。《刑法》第三、五、八、九、十章关于破坏社会主义市场经济秩序罪、贪污贿赂罪、渎职罪、军人违反职责罪、妨害公司、企业管理秩序罪、破坏金融管理秩序罪、侵犯财产罪等罪名,通常与职务犯罪有着密切的联系。

1.2.3　职务犯罪侦查的内涵、主要特征

职务犯罪侦查的内涵是国家法律监督机关履行国家法律监督的职能之一。作为唯一的国家法律监督机关的检察机关,通过查处职务犯罪来实现对国家机关、国家工作人员正确履行职责进行监督。

职务犯罪侦查的主要特征是:

(1)专门性——职务犯罪侦查权的实施主体是检察机关。按照法律的授权规定,检察机关对直接受理的案件行使侦查权。检察机关是对公职身份职务犯罪进行侦查的专门的、唯一的机关。

(2)特殊性——职务犯罪的主体是国家工作人员,即法律意义上的特殊主体,其包括国家机关工作人员、国有企事业、人民团体中从事公务的人员、国家机关、国有企事业、人民团体委派到非国有企事业单位从事管理的人员、其他依照法律受委托从事公务的人员。

(3)诉讼性——职务犯罪侦查是一种刑事诉讼活动,必须严格依照刑法、刑事诉讼法和其他相关的法律规定进行。

(4)强制性——职务犯罪侦查是一种具有强制力的专门的调查活动。根据法律的授权,贪污贿赂犯罪侦查中进行的具有强制力性质的专门调查工作和采用有关的强制性措施,其法律依据为《刑事诉讼法》第 135 条的规定,其规定的调查工作主要有:勘验、检查、侦查实验、询问证人、搜查、扣押物证、书证、鉴定、通缉、讯问犯罪嫌疑人等,其规定的强制措施有:拘传、取保候审、监视居住、拘留、逮捕。

专门调查工作和有关的强制措施就是侦查活动,这与其他性质的任何调查和措施是有根本性区别的。

1.2.4　职务犯罪侦查的历史发展过程

在我国,对职务犯罪的惩治可以上溯到夏朝,西周时期已经

具有了惩治职务犯罪的具体条文。如西周时期穆王命吕（浦）侯所作的《吕刑》中就规定了对违法司法官吏的惩治条文。即"五过"制度中明确了"惟货"（受贿而枉法曲断）属于"五过"行为之一。如果司法官员犯有"五过"之行为的，就要"其罪惟均"，即以罪犯之罪处罚。如唐朝的《唐律疏议》中的"职制律"（关于对官吏的设置、职守、驿传及其违法惩戒和犯罪处刑等方面的法律）共三卷五十八条。该律可谓是古代惩治渎职犯罪较为完善的法律。再如《左传·昭公十四年》记载了官吏犯"昏、墨、贼"三种罪的要处死刑。这里的"墨"即指官吏的贪污犯罪，又称之为"贪以败官"为墨。《尚书·伊训》还规定了官吏犯"三风十愆"，就应受惩罚。其中"三风"中的"淫风"就是指官吏贪求钱财和女色的犯罪。

自夏朝至明清，历代王朝为巩固自己的统治秩序，都或多或少地在刑法中规定了惩治官吏犯罪的内容，并建立了相应的查处官吏犯罪的查案机构。如先秦的大理、司寇、秦后的廷尉、大理寺、刑部等机构都具有直接查案职权，且要不折不扣地服从皇帝，皇帝对某些案件（包括官吏的犯罪）有直接的审案权力。又如《尚书·周官》中记载了西周的专门司法机关"司寇"，以负责查案。唐宋时期的"御史台"就相当于现代的国家监察机关，专门行使国家的监督权。明清时期的"都察院"其职能也相同于"御史台"。这些机构和职权对惩治贪官污吏起到了积极的作用。

民国时期，孙中山为首的南京临时政府的施政方针中，一个重点就是明确了建立反贪机制，防止政权的贪腐是新政府的重要工作之一。孙中山在《临时大总统宣言书》中就对清政府"满清时代藉立宪之名，行敛财之实，杂捐苛细，民不聊生"的状况进行了抨击，并表示南京临时政府将以"诚挚纯洁之精神"，施行廉洁、统一、合理之财政政策与措施。北京政府；广州、武汉国民政府；南京政府均建立有反贪立法和反贪机构设置，如广州、武汉国民政府的监察院，审计机构、惩戒机构——惩吏院、审政院；南京政府"五院制度"中也有反贪立法与运作。但从根本上而言，国民党政府政治上的腐败导致其的这些制度和机构名存实亡。

在我国新民主主义革命时期,中国共产党相继颁布了《关于惩治贪污浪费行为》(1933年);《晋察冀边区惩治贪污条例》(1941年);《东北解放区惩治贪污暂行条例》(1947年)等法律。在社会主义革命时期,根据《中央人民政府组织法》规定,1949年10月1日在中华人民共和国中央人民政府成立之日,中央人民政府委员会第一次会议任命罗瑞卿为最高人民检察署检察长。同年12月20日,中央人民政府主席毛泽东批准了《中央人民政府最高人民检察院试行组织条例》。该条例以列宁关于社会主义检察制度的理论为指导,结合我国的革命实践,对检察署的机构、职权等作出了规定。特别是在"三反"、"五反"运动中,最高人民检察署明确了检察机关对贪污等职务犯罪的侦查权,各级检察机关相继设立了侦查监督、一般监督、批捕监督等部门。由此,检察机关对职务犯罪的侦查制度在斗争中不断发展。1957年的"反右"斗争,使检察机关对职务犯罪侦查职能有所削弱。1962年,公安、检察、法院三机关对各自的案件管辖作了明确分工,并明确了各级检察机关对贪污等职务犯罪实施侦查。1966年开始的"文化大革命"使检察机关受到了冲击。直到1979年7月1日全国人大常委会通过《人民检察院组织法》,进一步明确了检察机关对职务犯罪的侦查权。同时《刑事诉讼法》第13条第2款对人民检察院侦查职务犯罪的范围作出了规定。各级人民检察院建立了职务犯罪自行进行侦查的部门"自侦厅、局、处、科";以后以变化为经济犯罪侦查、法纪犯罪侦查部门;根据打击贪污贿赂等侦查犯罪的需要,经济犯罪侦查部门又改称之为"贪污贿赂检察"部门;1985年广东省检察机关成立了第一个"反贪污贿赂工作局"(后来取消了"工作"两个字),1995年最高人民检察院成立了"反贪污贿赂总局",与此同时全国检察机关相继都成立了反贪局。2006年检察机关的法纪检察部门根据高检的统一规定,改建为"反渎职侵权局"。这些专门侦查机构的建立和完善,为规范职务犯罪侦查和建设一支专业化的职务犯罪侦查队伍起到了重要的作用。

1.2.5　当前职务犯罪的态势

当前职务犯罪(反贪污贿赂)侦查面临的态势仍然是严峻的,斗争仍然是艰巨的,任务仍然是繁重的。

(1) 案件持续高发。近年来,职务犯罪的案件总体上呈持续高发的态势。最高人民法院院长王胜俊 2008 年 11 月 26 日向全国人大常委会的报告披露:2003 年至 2008 年上半年判处县处级以上公务人员 4 525 人,同比上升 77.52%;从严惩处贪污贿赂、渎职等职务犯罪,判处罪犯 12 万余人,同比上升 12.15%;其中滥用职权、玩忽职守罪犯 8 056 人,同比上升 1.87 倍;依法从严惩治危害生产安全的重大责任事故犯罪,判处罪犯 6 659 人,同比上升 66.89%;最高人民检察院检察长曹建明 2010 年 3 月在全国人民代表大会全体会议上的工作报告中指出:2009 年全国检察机关立案侦查职务犯罪案件 32 439 件、41 531 人;大要案 18 191 件;县处级及以上的贪污贿赂犯罪嫌疑人 2 670 余人,五年同比上升 78.77;其中厅局级犯罪嫌疑人 204 余人;最高人民检察院反贪总局直接立案省部级犯罪嫌疑人 8 人;为国家挽回经济损失 60 余亿元;抓获在逃职务犯罪人员 1 129 人,追缴赃款赃物计 71.2 亿元。(三十年来我国外逃贪官 4 000 余人,携走资金 500 多亿美元。)职务犯罪发案的势头还没有真正从根本上降下来,还在滋长蔓延。

(2) 金额不断增大。近年来,职务犯罪的涉案金额也在不断增大,百万元以上的大案 1993 年至 1997 年(5 年)为 617 件;1998 年至 2002 年(5 年)为 5 507 件;2003 年至 2007 年(5 年)为 6 千余件。上海检察机关近年查处的职务犯罪案件中,一次收受贿赂超过 1 000 万的已不罕见,一件案件中贪污贿赂金额超过亿元的也时有所见。上海近年发生的最大的一起共同贪污案件涉案金额高达 3 亿元! 时任中国银行广东开平市分行行长的余震东侵吞公款 4.85 亿美元;时任中国银行哈尔滨分行行长的高山侵吞公款 6 亿元人民币,职务犯罪案件的涉案金额几乎每年都在被刷新。

(3) 层面逐步提高。近年来,职务犯罪由基层向上层、高层发展,县处级干部职务犯罪 1993 年至 1997 年(5 年)为 29 083 人,平均每年 5 816 人;1998 年至 2002 年(5 年)为 101 907 人,平均每年 2 381 人;2003 年至 2006 年(4 年)为 10 431 人,平均每年 2 607 人。厅局级干部职务犯罪 1993 年至 1997 年(5 年)为 265 人,平均每年 53 人;1998 年至 2002 年(5 年)为 816 人,平均每年 163 人;2003 年至 2006 年(4 年)为 763 人,平均每年 190 人。省部级干部职务犯罪 1993 年至 1997 年(5 年)为 7 人,1998 年至 2002 年(5 年)为 25 人,2003 年至 2007 年(5 年)为 30 余人,2008 年至 2009 年为 17 人。高级别领导干部职务犯罪案件总体上仍然呈上升趋势。

(4) 范围迅速扩大。近年来,职务犯罪所涉领域不断扩大、渗透,由商品流通领域向资源配置领域渗透蔓延;由政府管理领域向司法领域渗透蔓延;由经济基础领域向上层建筑领域渗透蔓延。党政军、公检法、工青妇、科教文卫、金融基建、交通外贸、土地粮食、通信电力等等,特别是那些具有紧俏紧缺、权力集中、竞争激烈、处于垄断特征的领域、行业、部门都成为腐败高发的重点,成为发生腐败案的重要领域。总而言之,只要存在着公权力的制约力,就会发生腐败的渗透、侵蚀和诱惑。因此,预防和抵御腐败必须是全方位的、多角度的、立体的、广泛的。

(5) 手法发展变化。随着惩治腐败的力度不断加大,职务犯罪的手法也在不断变化发展,从收受农副产品、家用电器、金银首饰等"初级阶段",逐步发展到收受大额钱款、名人字画、古董珍宝等"中级阶段",再进一步发展到收受高档房产、名贵汽车、巨额干股等"高级阶段",以后又再进一步发展成为表面上没有财物的往来,以接受境外旅游、色情服务、打"工作"麻将、干股"投资"合办公司、明显低于市场价格购房购车、为特定人谋取财产性利益和

"期权"交易等的"顶级阶段"。职务犯罪的这些变化发展,已引起了纪检机关、司法机关的高度重视,已出台有关规定和司法解释予以相应的党纪处理和刑事追究。

(6) 危害更加严重。职务犯罪不但严重威胁到党的执政地位,降低政府的公信力,导致极大的政策资源损耗;还不断造成分配不公、税收减少、非生产性成本上升,财富向极少数人聚集的社会不公现象;特别是各种重大事故几乎都与腐败有关,如煤矿的爆炸事故、运输部门的超载导致人员重大伤亡事故、环境严重污染造成的重大伤害事故、药厂假药造成病人死亡事故、时有所闻的"楼脆脆"、"桥垮垮"事故、看守所"躲猫猫"死、"睡觉"死事故等,这与一些公职人员在对这些部门、企业进行监督、管理、服务的过程中,利用公权力进行权钱交易、滥用职权、玩忽职守及投资入股、弄虚作假有着密切的关系。腐败对党和国家、对人民群众造成的严重危害绝不能低估。

1.2.6　职务犯罪侦查的要素

职务犯罪侦查是检察机关依照宪法和法律的授权,针对贪污贿赂、渎职侵权犯罪而实施侦查活动的一项法定职能,它的性质取决于国家法律监督制度的本质和职务犯罪侦查权的法律属性。从权力来源讲,这种侦查权由法律监督权所派生,是法律监督权的一项重要内容。从这个意义上说,职务犯罪侦查具有法律监督的性质。对此,可以从以下两个方面进行理解。

1) 职务犯罪侦查是国家法律监督职能的一项重要组成部分

从我国的宪政制度看,人民代表大会是国家最高权力机关,负有立法,包括制定、监督宪法实施意见组织、监督其他国家机关的职责。人民政府、人民检察院、人民法院(一府两院)由人民代表大会产生,对它负责,受它监督。在国家法律监督体系中,人民代表大会是最高监督主体,承担对法的运行实行全面监督的职能。由于它具有任务繁重,主要讨论和决定国家大事,并一般以会议的形式开展工作等特殊性,不可能、也不应当从事日常的具体的事务性的法律监督工作。为了解决这个矛盾,客观上需要设立相应的职能机构加以辅助,鉴于权力分工制衡的要求,其他国家机关如行政机关、审判机关和军事机关都已执掌着一项重要的国家权力,不适宜再担负专门的法律监督职责,因而在行政权、审判权和军事权之外,设定了法律监督权,并设立了检察机关,赋予检察机关法律监督权。为了保障法律监督的有效性,立法上为检察机关配置了包括职务辅助侦查权、公诉权、诉讼监督权等相应的职权,从不同的角度、方面以及运用不同的方式代表国家实施法律监督。从制度发生学的角度讲,贪污贿赂犯罪侦查作为职务犯罪侦查的最主要内容,是由法律监督权派生的,以检察机关法律监督的宪法地位为前提,属于检察机关法律监督的一项重要内容。

2) 职务犯罪侦查是由检察机关一般监督职能演化而来的

"一般监督"是苏联按照列宁的法律监督思想而设置的,是检察机关的一项主要职权。我国检察机关初建时借鉴了苏联的经验,将其作为检察机关的一项主要职权,并在1954年检察院组织法和1978年宪法中作了明确的规定,但在实践中并没有充分行使,还出现了一些反复。1955年,中共最高人民检察院党组结合实际情况向中共中央递交了一个工作报告,提出了有重点地慎重进行"一般监督"等相关意见。同年2月3日,中共中央批准了中共报告。1957年发生了"反右派"斗争,一些倡导一般监督的人被打成右派,一般监督也被"挂起来,备而不用"。1962年,刘少奇同志在听取起草政法工作四年总结的汇报时提出:"检察院应该同一切违法乱纪作斗争,不管任何机关任何人,检察机关应全面承担法律规定的职能。"此后,检察机关又逐步承担起同严重违法乱纪行为斗争的任务,直至"文革"期间,这项工作在检察机构被撤销时中断。从检察实践看,一般监督职能的重点主要体现在对违法犯罪的查办上。1978年我国宪法规定重建检察院时强调了一般监督职能。1982 年修改《宪法》时，将一般监督权授予全国人大常委会行使，但保留了检察机关有权对国家机关及其工作人员的职务行为是否合法实行监督，并且限于《刑法》规定构成犯罪的案件，促使一般监督职能的范围最终被限制在对职务犯罪的侦查上，这充分说明贪污贿赂犯罪侦查权是从检察机关早先的一般监督职能演变而来的。

1.3　港澳台地区职务犯罪侦查机构及模式

1.3.1　香港——香港廉政公署

香港于 1974 年 2 月 13 日立法局决定设立独立机构专门调查贪污问题，并通过了《香港总督特派廉政专员公署条例》，条例于 2 月 13 日生效，总督特派廉政公署也于该条例生效当日成立。它直属于香港总督。廉政公署的设立是香港地区肃贪史上的一个里程碑，令香港的反贪进入了一个新纪元。

廉政公署的宗旨及机构设置。廉政公署的宗旨是肃贪倡廉，反贪污贿赂，倡导正确的道德观念，提高每个公民的责任感。廉政公署机构设置是：①廉政专员负责管理及指挥廉政公署，只受特区行政长官领导，对行政长官负责；②廉政公署下设专员办事处、行政总部、执行处、防止贪污处、社区关系处；③处以下设科，由助理处长级官员主管；④科以下设组。

1）廉政公署的职责职权。廉政公署的主要职责

（1）接受及考虑指控贪污行为举报，并在其认为可行的范围内予以调查。

（2）调查任何指控或涉嫌触犯廉政公署条例、防止贿赂条例或舞弊及非法行为条例规定的罪行及任何指称或涉嫌串谋触犯防止贿赂条例的罪行，以及政府雇员被指控或涉嫌因滥用职权而触犯勒索罪名的行为。

（3）廉政专员认为某政府雇员的行为与贪污有关或者导致贪污，即进行调查，并将结果向总督报告。

（4）审查政府部门及公共机构的工作惯例程序，以便揭发贪污行为和设法将认为可能导致贪污行为的工作方法或程序进行修改。

（5）就消除贪污方法给予指导、建议和协助。

（6）向政府部门或公共机构的首长建议，在配合这些部门或机构有效地执行其职责的情况下，向他们提出更改不良的工作惯例或程序的建议，以尽量减少贪污的可能。

（7）教育市民认识贪污的危害。

（8）宣传和鼓励市民参加和支持反贪污的工作。

2）廉政公署在反贪污过程中享有下列法定职权

（1）凡政府公务员拥有的财富及生活消费水平与官职收入不相称，又不能合理解释财富来源的，廉政公署即可认定该公务员犯法，并通过律政司将其交付法庭审判。

（2）在廉政专员的书面授权下，廉政公署的任何人员可以对任何政府部门或社会私营机构及人员进行各项查询或调查，有权查阅由政府雇员保存的与政府任何部门工作有关的一切记录、手册及文件。

（3）廉政公署工作人员在执行任务时，如果有理由怀疑某人触犯法律涉嫌贪污受贿，或身为政府雇员因滥用职权而犯勒索罪者，可无需拘捕令而将其拘捕，必要时可以使用武力。

（4）搜查、检查及扣押任何认为可以作为物证的物品。

（5）有权检查任何涉嫌贪污者的银行账户和保险箱，并限制其对财产的处理。

（6）在裁判司的书面授权下扣留任何嫌疑犯的护照及私人文件。

（7）有权进入任何政府楼宇及要求任何政府雇员答复与其职务有关的问题，并可要求其出示任何与职责有关的内部通令、指示、工作手册或训令等文件。

(8) 可以要求任何人士提供工作中所需要的任何资料,包括要求涉嫌人提供宣誓书和书面证词,列举其私人财产数额种类、开支、负债数字以及调离香港的任何款项和财物。

(9) 如果有理由怀疑某人有贪污行为时,廉政公署人员有权对该涉嫌者进行搜查等。根据 1994 年香港政府委派的廉政公署权责检讨委员会的建议,从 1997 年 6 月开始,获取资料、搜查和捡取物证、扣留旅行证件以及限制变卖财产等权转交给法院。

香港廉政公署的侦查没有立案标准,没有管辖主体范围,依靠群众举报和 800 个卧底发现线索,对具有嫌疑的各种经济犯罪实施调查。

1.3.2　澳门——澳门廉政公署

澳门廉政公署是澳门地区的反贪污及反行政违法的独立调查机构。1990 年 7 月 17 日,澳门立法会通过了《反贪污暨行政申诉高级专员公署法案》。该法案规定:

(1) 高级专员公署的职能是调查有充分理由怀疑涉嫌贪污、欺诈、侵害公共财产、滥用公职权力或任何损害公共利益行为的有关事实的迹象或报道,并对上述罪行进行起诉,但不影响基本权利,也不抵制法律赋予其他机构的权力,并维护人的权利、自由、保障和合法利益,通过非正式手段确保公共行政机关的公正、守法和有效性。

(2) 调查包括对象澳门总督、立法会主席、各政务司、立法会全体议员、咨询会全体委员、本地区中央和地方行政机关等等。

(3) 可以向总督和立法会建议审议影响人的权利、自由、保障和合法权益的违宪或不符合准则非法行为;建议采取立法措施改善机关的运作和遵守行政活动的合法性,特别是消除对贪污、不适当或在道德上受谴责等行为的有利因素方面等等。

(4) 凡对抗高级专员公署执行职务者,除负民事或纪律责任外,还要受相当于加重不服从罪的处分。

高级专员公署是一个独立的部门,其职位主要设置:高级专员、助理专员、秘书长、秘书、顾问、协调员、专家、技术辅助部门主任、部门主任助理、高级技术员等。

高级专员公署的刑事侦查范围主要有:滥用信用、滥用职权、恐吓、协助偷渡及非法工作、诈骗、走私、行贿及受贿、供假声明、伪造文件、伤害他人身体、公务上之侵占、包庇非法赌博及放债利、财富与官职收入不相称等等。

1.3.3　台湾——台湾地区"法务部调查局"

台湾地区"法务部调查局"是台湾地区的特定事项专门调查监督机构。设有局长一人,副局长二人。局下分六个处,各司其职。

"法务部调查局"根据 1956 年行政院规定共有 11 项职权,其中包括贪污渎职事项。1989 年台湾地区在"法务部调查局"下设"肃贪处",以"整顿政风、严惩贪污弊端",并由调查局副局长兼任肃贪处处长。肃贪处下设五个科,四个地区工作组,肃贪是调查局的重点工作。其主要任务是:

(1) 肃贪工作的决策、推动、督导及考核。

(2) 政风调查。

(3) 防止贪污渎职。

(4) 贪污渎职的侦办及有关资料的搜集、统计、分析和运用等。

1.4　部分亚洲国家职务犯罪侦查机构及模式

1.4.1　韩国——韩国不正腐败事犯特别搜查部

韩国不正腐败事犯特别搜查部是韩国检察机关内设的司职国家公务员贪污贿赂等腐蚀腐败案件受理、侦查、起诉职能的机构。成立于 1993 年 3 月。中央搜查本部内设搜查一、二、三课和搜查企划官室、科学搜查指导课、科学搜查运营课。

（1）特别搜查部内设机构的职责。中央特别搜查本部的三个搜查课分别负责高级公务员腐败犯罪、走私犯罪和新闻方面的犯罪案件在侦查、起诉工作。

（2）特别搜查部的职权。中央搜查本部根据总检察长的交办令有权侦查、起诉涉及全国范围内的犯罪和特别重要官员贪污贿赂等犯罪案件；地方特别搜查部有权侦查、起诉中央特别搜查部管辖以外的案件；在韩国六级公务员腐败案件中，四级以下公务员犯罪案件原则上交由警察厅查处。

特别搜查部享有优先的刑事侦查权。

1.4.2　日本——日本特别搜查部

日本特别搜查部是日本地方检察机关内设的特别侦查机构，简称特搜部。特搜部的职权职责：日本的检察官对刑事案件的查处起主要作用，检察官对所有的犯罪案件具有侦查权。检察官对所有的罪案都有权指挥警察进行侦查。

特搜部在侦查贪污贿赂案件时的程序和手段是：

（1）获取侦查线索，通过各种渠道获取。

（2）秘密侦查，秘密侦查犯罪嫌疑人的各种情况及有关证据。

（3）实行强制措施，搜查、扣押、防止犯罪嫌疑人逃跑、自杀，通过审讯获取真实可靠的供述。

1.4.3　新加坡——新加坡反贪污调查局

新加坡反贪污调查局是新加坡反贪污的专门侦查机关，成立于 1952 年。它是新加坡反贪污贿赂的最高机关，下设行政部、调查部、电话咨询管理支援部等部门；其机构不受地方挟制；其官员不属于公务员；其地位、身份、权力有严格的法律保障，薪金高于其他部门同级官员；局长副局长必须由总理任命，局长只对总理负责。

1）调查局的主要任务

（1）负责调查任何被确定为或涉嫌犯新加坡《防止贪污条例》的行为。

（2）负责调查政府公务员与贪污有关的不法行为和失职行为。

（3）通过对容易发生贪污的部门进行监督、检查，防止贪污行为的发生，并且通过向存在管理漏洞的部门首长提出建议，以便堵塞漏洞，加强管理，预防贪污贿赂犯罪。

2）调查局具有特别职权

（1）特别调查权。经公共起诉人授权可以在任何适当的时候检查银行账目，拿走票据的复制品。

（2）武力搜查权。调查局长可以授权特别侦查员对确有罪证的地方进行必要的武力搜查，夺取或扣押有关文件、物品。

（3）逮捕权。任何调查局人员即使无逮捕证也可逮捕与犯罪有关的任何人。

复习与作业要求：参考实践中的职务犯罪案例，体会本章中的概念

考核要点：职务犯罪侦查的概念及规范

辅助教学活动：研究实践中的案例，了解实践中的侦查及规范

第2章 职务犯罪侦查线索

教学目的和要求：要求学生了解职务犯罪线索的基本原理和方法

教学重点和难点：职务犯罪线索的发现和甄别

教学方法与手段：案例研究及作业

2.1 线索的概念

2.1.1 线索概念

所谓的职务犯罪案件线索是指，检察机关通过各种有效途径发现和掌握的、需要初查并有可能进入侦查程序的、反映国家工作人员涉嫌贪污贿赂犯罪的有关信息、情报等形成的材料。也就是说，线索是进入侦查视野、经过审批、进入程序、具有可查性的、必须最终得出结论的涉嫌贪污贿赂犯罪的信息。

职务犯罪侦查实践中，不少侦查人员常常简单地把初步收到的、听到的、接触到的、感觉到的具有疑问的信息统统称之为线索，这个认识从严格规范、严谨恰当的意义上而言，是不准确的。因为，侦查人员在工作、学习、生活和社会交往活动中，最初、最原始接触到的大量的有关疑问，充其量仅仅是信息或仅仅是线索的毛坯，其中只有少量的才能成之为线索——初查线索和侦查线索。因此，明确地说，信息是较为原始的、粗糙的、是一种事物原生态的反映，而线索则是经过筛选的、选择的，是一种具有了理性化的信息反映。就一般信息而言，认为其没有价值的可以任意舍弃而不受制约，而线索则根据职务犯罪侦查工作规范，无论其最终有无侦查成果的价值都得登记、分析、审查、存档,并且必须拿出结论。

当然,鉴于目前各地检察机关对线索概念认识尚不统一,因此,根据职务犯罪侦查实践,也可以把线索分为广义和狭义两种形式来掌握理解。广义的是指检察机关获悉的与案件事实或涉嫌犯罪人有关的各种信息;狭义的是检察机关对收到的与案件事实或涉嫌犯罪人有关的各种信息,经过一定的程序,进行甄别和筛选,能进入初查的才是规范意义上的线索。

本章主要是从狭义的角度上来谈论、论述线索,为便于读者理解,特定情况下个别的也专门注明作交叉解释。

2.1.2　线索的特定性

反贪线索是具有特定性的,可以从否定的角度来理解这个特定性。

(1) 信息不是线索——信息范围宽广,许多原始的、一般的、普通的信息与侦查没有关联,起不了、也不具有案件线索的功能和作用。

(2) 无特定联系的不是线索——有的信息确实涉及违法或存在犯罪嫌疑,但是,与职务犯罪没有关联,或与本侦查机关管辖没有联系,对本侦查机关侦查实际而言没有意义。

(3) 无法侦查的不是线索——有的信息所反映的事实,的确是涉嫌职务犯罪,但是其失去了侦查的必要条件,无法进入有关司法程序或诉讼程序。

(4) 没进入程序的不是线索——没有进入程序的信息呈不确定状态,不受规范约束,不必一定要具有结论,不需要结果的答复和告知。

(5) 没有经过筛选的不是线索——有关的信息不经过筛选,体现和分辨不出信息的侦查价值,仅仅还是信息而已,而且必定呈现鱼目混杂,无从入手的状态。形象一点来讲,检察机关有关线索的问题,好比做大米饭,供货商有的是粮食,但粮食一定能做出大米饭吗?答案是不确定的,因为粮食中的玉米、小麦、高粱、谷子等是做不出大米饭的,只有稻子经过加工才可以做出大米饭,所以我们要在粮食中选稻子(当然,稻子中有瘪壳稻、变质稻,不可用或无价值),至于合格的稻子做出的大米饭如何,只是大米饭的质量问题、口感问题,但肯定是大米饭不会有误。所以,粮食好比是信息,而线索应当是粮食中的稻子,成案线索就是可以做成大米饭的稻子。

线索的外延过大、范围过宽、使用过滥不符合职务犯罪侦查领域的客观实际,不利于对线索的深入研究、规范管理和充分开发利用。

2.1.3　线索与信息、痕迹、情报、材料的区别

(1) 什么是信息?信息是音讯、消息。信息是事物存在方式或运动状态,以及这种方式、状态的直接或间接的表述,是事物反映出来的属性[①]。

信息是消息的接受者预先不知道的报导。信息是客观事物运动变化的外在反映,这种反映不以人们的意志为转移,完全是一种自在之物。侦查领域中的信息是可能涉嫌犯罪的客观事实原始的、外在的表现形式和状态。信息是可以被感知、提取、传输、计量、处理、变换、储存和使用的。信息不一定是线索,线索一定是信息。

(2) 什么是迹象?迹象是一种客观事物表现形式。迹象通常是一种连续状态的客观表现形式,由抽象表现和具体表现两种方式。侦查领域中的迹象,是指可能涉嫌犯罪的人和事其所表现出来的客观事实的外在反映,是更具体的、更具有痕迹的客观反映,在一般的刑事侦查中接触和涉及较多。迹象可以被记录、测量、

---

① 参见《辞海》1979 年版第 247 页.

实验、鉴定等。迹象不一定是线索,线索一定有客观迹象的表现。

（3）什么是情报？情报是关于某种情况的消息和报告,泛指一切最新的情况报导;获取的他方有关情况以及对其分析判断的成果。情报是系统化的信息,专门针对特定的事项,在传递手段上要求和限制更为严格。情报的特征是其被限定在一定的范围内,出于特殊的秘密状态,情报一旦被公开就成为了公共的信息。

侦查领域中的情报是指侦查机关以特定的人员或特殊的手段,秘密获取的与涉嫌犯罪有关的人和事的信息和报告。情报不一定是线索,某些情报可以成为有一定质量的线索。

（4）什么是材料？泛指一般供参考用的数据。社会文化领域中的材料是指围绕一定主旨或主题而形成的文字记载。侦查领域中的材料是指可能涉嫌犯罪的有关迹象、信息、情报、交代、证据、研究等制作形成的、书面文字形式的、或者音像图文形式的记载。材料不一定是线索,线索的载体一定是材料,线索一定是材料的客观表现和内涵之一。

迹象、信息、情报、材料有什么本质不同？迹象、信息、情报、材料是具有不同意义的概念,它们在各自的运用和作用的表现方面是具有本质不同意义的。

（1）迹象——迹象的特征是:更多的是为较容易发现、采获、固定、重复、再现的一种客观事物的痕迹表现,属于信息的性质范畴。

（2）信息——信息的特征是:表现形式的多样性、变幻性、公开性、其既可客观、具体、直接表现,也可抽象、零散、间接表现,在表现过程中其容量会递进或弱化,且其对整个空间而言,是公开的,即对任何需采获的人来说是同一的、平等的。

（3）情报——情报的特征是:具有获取的主动性、内容的秘密性、手段的隐蔽性,需有特定的人或特殊的手段来采获和传递。情报也可以说是信息的一种特殊表现形式、信息的高级阶段。

（4）材料——材料的特征是:通常以书面、选择、汇总、归纳、加工等形式表现,可以由主、被动任何一方运用或制作。就侦查机关而言,即是对侦查活动有一定价值和意义的书面的文字记载。

迹象、信息、情报、材料有什么内在联系?迹象、信息、情报、材料在具有不同的特定的意义的同时,它们之间是存在内在的联系和通融性的。

(1)迹象——迹象其是更趋客观具体的信息,是一种痕迹的运动表现方向,更多的是在普通刑事案件的侦查过程中应用。经过确认的迹象往往就是具体的线索。

(2)信息——信息其是客观事物运动变化的外在反映,其是包括迹象、情报在内一切事物的表现形式。在形成被确认的材料前,它是原始的、零星的、分散的、未被储存的。

(3)情报——情报其是系统的、高级的、特定的信息,通常都经过筛选。它是客观的、具体的、选择的、提炼的、集中的,是信息的一种特殊的表现形式,是信息的高级阶段。

(4)材料——材料的范围最广、周延最宽,内涵最小,它的来源包括、信息、情报等,是迹象、信息、情报的具体化、提炼化、归纳化、文字化。

所以,迹象、信息、情报、材料是密切联系的、相互渗透的,不可机械分割。它们有不同的表现形式,然而它们在不同的阶段会互相转化,在一定范围内又呈概念蕴涵的关系。

2.2　线索的意义

2.2.1　基础和依据

职务犯罪侦查线索,关系到案件的来源、疑点的综合、证据的方位、途径的选择等,重视反贪案件线索有利于及时发现、全面掌握、客观评价、规范运作贪污贿赂犯罪所表现出的有关迹象、信息、情报、材料,最终实现侦查的目的。

查办贪污贿赂犯罪活动的基础和依据。案件线索直接关系到反贪工作的总体状态,反映反贪工作的力度和质量,是反贪工作的泉之源、林之木、炊之粮。

2.2.2　案件暴露、被揭露的渠道

所有案件都必然需要经过案件线索这个侦查过程的第一环节,因而也是其固定的形式和程序,是案件被揭露的渠道,其意义十分重大。

2.2.3　案件查处的行进脉络

案件的初查和侦查必须根据线索反映出来的脉络逐步深入、循序渐进,此外没有捷径,无法回避。

2.2.4　证据的具体指向

获取贪污贿赂犯罪证据的具体指向。案件事实的方位,确定事实真相的各种证据也必须依据线索来确定方向,为侦查工作进行导向。

2.2.5　案件质量的源头保证

线索的内在质量如何、对线索的运作质量如何,直接关系到案件侦查过程所反映出来的总体质量。

2.3　线索的主要特征

2.3.1　线索的客观性

职务犯罪侦查线索必须要有一定的客观事实、客观现象、客观内容、客观依据、客观表现之一,这是其最主要的其本特征。一

切离开客观事实所反映的、杜撰的、想象的、猜疑的疑点都不是职务犯罪侦查意义上的线索。

2.3.2　线索的针对性

职务犯罪侦查线索必须针对一定的犯罪(贪污贿赂类犯罪)、一定的人物(具体的职务公务人员,即使单位犯罪、最终的刑事责任也应落实到具体的自然人)、一定的行为(实施的具体事实或客观迹象)。否则,不是职务犯罪侦查意义上的线索。

2.3.3　线索的对应性

职务犯罪侦查线索要根据事实信息的性质、级别、地域等对应相关的检察机关,即要符合刑事诉讼法等有关法律的规定和检察机关内部的有关规定,具有管辖对应的意义。

2.3.4　线索的价值性

职务犯罪侦查线索要具有刑事追究的可能性,不具有刑事犯罪构成要件的、不符合刑事立案标准、或明确看出其最终发展达不到刑事立案标准的,一般而言不是线索(个别需排除疑点、证明无辜、需要结论的除外)。

2.3.5　线索的可查性

职务犯罪侦查线索要具有经过调查、初查、侦查可以达到获取证据、查清结果、得以刑事追究的可行性,如当事人或唯一的主要证人死亡,唯一的重要书证灭失且无其他证据替代,明显过了刑事追诉期限的,即失去了可查性。

2.3.6　线索的规范性

职务犯罪侦查线索只有经过了一定的程序,如经过了举报中心的登记、领导的审批、部门的备案分流,才是真正意义上的线索,其特点是运作结束必须得出结果、作出结论,如对特定的人员(如署名举报人、被害人、单位指控的等)还必须履行结果的书面告知义务。

2.4　线索的来源与发现途径

反贪案件线索的来源是非常广泛的,一般情况下侦查人员难以概括完全,笔者根据二十余年的侦查实践和广泛调查研究的基础上,归纳提炼了以下 30 个渠道的来源,可供侦查人员在侦查实践中丰富想象力、穷尽范围面、提高利用率。

(1)公民举报——公民个人向检察机关口头或书面提出检举和报案。

(2)单位指控——单位、机构、组织向检察机关提出书面控告和报案。

(3)反贪部门直接收到——个人或单位直接向反贪部门或侦查人员提出报案。

(4)举报中心分流——检察机关任何部门或个人接到举报必须移送举报中心统一登记、书面审查、报告审批,凡属于贪污贿赂性质、符合管辖规定、且具有可查性的由举报中心向反贪部门分流。

(5)案中拓展或发现——在案件侦查过程中,牵带出的或挖掘出的其他涉嫌犯罪人员和犯罪事实。

(6)检察机关移送——党的纪律检察机关在查处违纪、违法案件过程中,发现应由检察机关管辖的涉嫌犯罪的情况,向检察机关移送。

(7)专门机关移送——公安、法院等专门机关在受理案件的过程中,发现应由检察机关管辖的涉嫌犯罪的情况,向检察机关移送。

(8)职能部门移送——工商管理、税务稽查、财政审核、海关监管、审计查核、国资管理等部门在监管、监督、检查、执法过程中发现应由检察机关管辖的涉嫌犯罪的情况,向检察机关移送。

(9) 管辖规定移送——检察机关内部因级别、地域管辖的原因,将有关材料向有管辖权的检察机关移送。

(10) 上级交办指办——上级检察机关按有关规定,交由或指定下级检察机关办理的案件。

(11) 领导机关批办——党委、人大、政府、政协、政法委等领导机关批示检察机关办理的案件。

(12) 知情人提供——了解案件事实情况的当事人、经手人、关联人的提供。

(13) 涉案人员检举揭发——正待处理或已处理结束的涉案人员对有关事实情况的提供。

(14) 技侦手段获取——经过一定程序批准,采用窃听、秘密录音录像、贴靠跟踪、化装卧底、信息分析、方位测定、秘密查账等手段获取。

(15) 新闻媒介传播提示——在新闻媒介的一些特定的报导和发布的消息中发现有关涉嫌犯罪情况。

(16) 侦查人员主动了解发现——侦查人员主动深入有关单位、有关部门、有关环节;深入有关人群、有关行业、有关系统了解有关涉嫌案犯罪情况。

(17) 特情耳目秘侦——由隐蔽身份的特定人员去获取有关的涉嫌犯罪情况。

(18) 研究分析判断选择——根据社会综合情况和某些特定情况,通过调查研究从而分析判断一定时期、一定条件情况下有关的涉嫌犯罪情况。

(19) 模拟比较推理——根据已破案件的客观事实特点,对同一情况、同一条件、同一表现的有关领域或单位去分析发现有关涉嫌犯罪情况。

(20) 敦促自首投案——通过提供法律咨询、法治宣传、及有关人员上门说情、疏通环节等的场合机会,动员促进涉嫌人员投案自首。

(21) 在有关单位已处理的人员筛选——由于种种原因,有的单位对涉嫌犯罪的人员仅仅作一般的行政处理,或罚款、解聘、除名了事,从中筛选可以发现有关涉嫌事实。

(22) 从重大事故、事件的后果中发现——一般重大事故、事件的发生,常会暴露出一些贪赃枉法、贪污受贿的涉嫌犯罪情况。

(23) 在矛盾纠纷等特殊环节中发现——注意内部内讧、互不兼容、勾心斗角、夫妻反目、猜疑不平、贬低对方、消除竞争对手等场合机会发现有关的涉嫌犯罪情况。

(24) 长期积存的线索筛选——有的线索当初被否定过,但随着时间的推移,有的又具备了初查的条件,可以重新启动调查,从而可以发现有关涉嫌犯罪情况。

(25) 复核监督二次分流——不成案的线索终结材料移送到举报中心存档前,举报中心按规定还要进行复核,如发现存在没有查清且有必要和可能作进一步调查的,应报批后进行二次分流,退回侦查部门重新再查,或易人再查,常可从中发现新的涉嫌犯罪情况。

(26) 注意从盲点死角区域里挖掘——长期无案单位、不被关注的部位常常隐藏着某些涉嫌犯罪的情况,这里也是案件来源的重要途径。

(27) 计算机网络分析获取——通过计算机网络中的各种信息进行分析研究,从中发现可能涉嫌犯罪的情况。

(28) 建立线索数据文件库筛选——用计算机对线索进行储存、筛选、分析,从而在大量的备查、待查信息数据中发现可能涉嫌犯罪的情况。

(29) 及时研究新情况、新领域、新热点来发现——社会发展过程中,一些新出现的事物往往还必然存在不够完善、不够规范、不够严密的现象,存在一些漏洞也在所难免,对此加强研究可以发现可能涉嫌犯罪的情况。

（30）从行贿人档案中研究发现——加强行贿人信息库的建设，加强对行贿人及其行贿规律的研究、从有行贿历史的人且当前又有不正常表现的信息中发现中可能涉嫌犯罪的情况。

2.5　线索的分析与评估

2.5.1　线索评估的概念

评估，一般是指评议、估计。职务犯罪案件线索分析评估是指检察院机关侦查部门对受理的管辖范围内的举报、控告、揭发及其他途径获悉的与犯罪有关的信息，进行集体综合评判、甄别、分析、估计、预测的过程。其目的是客观公正地确定处理这些信息，确保尊重和保护人权，防止错案的发生，同时进一步挖掘线索的价值，提高线索的成案率，为初查和侦查指明方向。

司法实践中，在职务犯罪侦查案件线索评估的基础上还根据需要，进行组织、决策、指挥的设计。对相对具有价值的线索而言，评估和决策是密不可分的、是紧密联系的。

线索评估应形成一种制度，不能无章可循、随心所欲；线索评估应建立一个人员基本稳定的组织（小组）；线索评估对所谓"像"的线索也不能忽视；线索评估过程必须认为记录。

2.5.2　评估的作用与意义

案件线索评估的作用和意义是显而易见的，是提高侦查工作的科学性、准确性、可行性、针对性的重要环节，必须纳入侦查（初查）工作的议事日程，作为一个不可或缺的必经程序。

（1）为案件查处寻找最佳途径——案件线索没有经过调查，通常存在种种先天不足，其内在价值的表现形式也多为轮廓不清、界限模糊、鱼龙混杂。如何着手、何时动手、怎么动手，往往会产生仁者见仁、智者见智的不同思路。"条条大路通罗马",究竟哪条是捷径呢? 只有通过集体研究讨论,运用集体的智慧,去伪存真、去粗取精、由此及彼、由表及里寻找到有利案件查处的最佳途径。

(2) 为公正执法提供理性思考——就每个侦查人员个人而言,受到知识、能力、环境、角度、任务、情绪等的影响,难免会出现因个人因素而不能公正客观地对待经手的线索的情况,但通过集体来分析把关,特别是注意听取不同的意见,可以促进更加客观、冷静、理性的思考,保证执法的公正性、准确性、有效性。

(3) 为案件质量奠定扎实基础——案件线索往往并不是犯罪事实,在有些阶段、有些地方甚至大多数案件线索不是犯罪事实,侦查人员的任务就是要通过线索评估把隐藏着犯罪事实的案件线索提炼出来,追查下去,而把与犯罪事实无关的线索因素予以排除掉。如果两者分辨不清,就很可能出现要么放纵犯罪、要么误伤无辜的局面。由集体评估来共同甄别分辨线索,特别是在初查、侦查的关键时刻有集体的智谋助力,案件质量则必定有进一步的保证。

(4) 为防止错案设立首道防线——案件线索的来源众多,其中不乏捏造、夸大、歪曲、诬告的情况,还有的为报复、消除对手、给他人点难堪而借用侦查机关的力量,如果盲目轻信、粗枝大叶,就会上当,给他人当枪使,甚至出现错案,产生不良的社会影响。因此,由集体进行缜密、细致、慎重的把握,可以有效防止错误立案、错误使用强制措施,有效避免侵犯人权、造成侦查工作被动的情况。

2.5.3 评估的要求与原则

案件线索评估是侦查(初查)工作管理、规范的一个重要的环节,它不是可有可无或随心所欲的,必须遵循一定的规范、确定一定的程序、具有一定的原则,其原则是:

（1）集体性——案件线索分析评估是一种集体活动,它必须要有侦查工作的决策、指挥人员、骨干、具有一定经验的侦查人员及具体经办的侦查人员组成,它是一种集体智慧的聚积和发挥。

（2）及时性——案件线索分析评估不是事后的总结,不是结果的分析,而是一种事前的谋划,预先的准备,也可是各个阶段的事先。因此,它的时效性非常讲究,必须十分注意其的及时效应。

（3）周密性——案件线索分析评估要根据法律的规定,要研究对象的特点,要结合实践、空间、环境及细节的因素,要掌握彼此的特长与短处,要对可能出现的意外有充分的考虑和预测,其周密性十分突出。

（4）客观性——案件线索分析评估一定要以客观事实为基础和作为考虑问题的出发点,不能脱离实际、先入为主、凭空想象,无端作有罪、罪重的结论,怀疑必须建立在已经发生了的客观事实(或相关的信息)的基础之上。

（5）前瞻性——案件线索分析评估实际上是一种对事实后果的事先估计和预测,绝对不能是"事后诸葛亮",而必须是"事先诸葛亮"。因此,其中蕴含着侦查人员依靠丰富的实践经验和丰富经历基础之上的、具有高度的智慧、理性、推理、逻辑和合理想象思维的内涵。

（6）主导性——案件线索分析评估的结果是对初查、侦查工作的决策、指挥、实施进行积极的、科学的、准确的指导,它对侦查方向、侦查重点、证据方位、方法措施、意外应对等起着重要的主导、引导作用。

2.5.4　评估的关键与要点

案件线索的评估是有一定之规的,根据侦查工作实践,其基本要求是:

（1）分析可查性——评估的首要问题就是确定线索的可查性，不具有可查性的线索要及时予以排除，以防止侦查资源不必要的消耗，而影响整体的工作效率。经集体评估后的排除，具有较高的准确性。

（2）注意时效性——评估要体现预先、前瞻、及时、有效的特点，要充分考虑案件线索所表现出的个性、细节、特点，抓住有利时机，及时决策、充分谋划，要防止和避免人为因素的拖沓而贻误战机。

（3）围绕客观性——评估必须充分体现事物的客观性，各种预测、推理、分析必须建立在客观事实及其一定表现的基础之上，切忌没有根据的猜测、发挥、怀疑，最终乱了自己的思路和阵脚。

（4）确定重点性——评估之时一般处于在全面调查之前，常规调查也不可能全面出击，因此，评估就是要在众多的信息、头绪中确定关键的、重点的、决定性的部位和环节，起到"打七寸"、能达到"觅一斑而获整体"、"牵一发而动（知）全身"的效应。

（5）明确针对性——评估要解决的关键是确定犯罪嫌疑人、确定存在的涉嫌犯罪事实，同时要确定存在涉嫌犯罪事实、确定证据的具体指向、确定可以刑事追究的程度，因此，要针对这些因素来展开评估。

（6）运用灵活性——线索的评定、估计就是出思路、把方向、判性质、确重点、找途径，其不可能千篇一律、按部就班、循规蹈矩，要充分运用谋略、技术、信息全面灵活运作，凸现"出其不意、攻其不备"的效应。

（7）手段多样性——评估中对调查措施、手段的设计要充分考虑案件线索的个性、细节、特点和不寻常之处，秘密查证、跟踪贴靠、化装卧底、电脑排查等，研究实施的必要性奇特性和可行性。

（8）方案复合性——评估对调查方案的设计，尽可能预测多种情形而多备几套方案，如连环方案、递进方案、复合方案，这样一旦遇到复杂局面就是可以进行及时调整,从容面对、处惊不乱、游刃有余。

2.5.5　评估的时机与方法

2.5.5.1　评估的时机

案件线索的评估是有时间性的,侦查指挥决策人员及侦查人员必须重视和及时把握线索评估的时机,在瞬息万变的过程中掌握侦查(初查)工作的主动权。

(1) 接到分流来的案件线索后的第一时间——接到案件线索后的第一时间有必要对线索的质量走势作个初步的分析评估,这样不易发生重大线索没有被及时重视而贻误战机的情况,也可以及时排除没有价值的线索(有的只要简单取得一个证明材料就可把线索终结或移送),对有一定价值的线索下一步如何展开调查起到积极的指引作用。

(2) 初步摸清基本情况后的较近时间——初步摸清线索的基本情况后的评估是实质意义的评估,对主体清、情况明、疑点大、有刑事追究可能的要进一步制定翔实、具体的初查计划和确定需要采取的措施,落实责任人员深入进行初查。

(3) 外围调查清楚的基础上——外围调查清楚基础上的评估,是调查进一步深入及性质转折的评估,外围情况明了,就要研究如何进行内在的实质性的调查取证,这时的评估对实体调查有重要指导作用。

(4) 掌握了初步证据的基础上——掌握了初步证据基础上的评估,是突破前的全面评估.由秘密调查即将进入面对面的交锋,必须充分研究,知己知彼、周密设计、全面决策。

(5) 取得阶段性结果的基础上——对一些疑点比较大,但情况比较复杂,一时难以判明性质的,宜在每取得一个阶段结果的基础上进行一次评估,仔细研究、步步为营、逐步推进。

(6) 遇到突发紧急变化情况的情形下——遇到突发意外,情况发生了变化,原来的计划、思路难以继续进行,那样,就要根据新的情况进行评估,以有效的措施应对突然变化的局面。

(7) 遇到重大阻力和困难的情形下——遇到重大阻力和困难,工作难以正常推进,那么就要通过评估,找出问题的症结,寻找变通的途径和方法,确定下一步的工作方案和措施。

(8) 久查而进展不大的情形下——对一些重要线索,久查而进展不大的,此刻不能轻易放弃,要通过再次评估,分析寻找根本的原因、症结所在,通过群策群力、变换思路、比较对照往往能柳暗花明。

(9) 遇到特殊的机会或新的切入点时——有时出现了预料之外好的机会和有利的条件,这时侦查人员个人一般不宜自己私下操作,要在第一时间报告,通过评估、充分研究,力争把有利因素及效果发挥到极致。

(10) 收到二次分流线索后的第一时间——二次分流的线索是"别人嚼过的馍",再查的难度很大,但肯定存在无法排除的疑点,有利方面是已经有了一定的现成材料,因此,第一时间就要认真评估,在原有的基础上换思路、变角度、调方向、找新的切入点,指导新的调查,提高攻坚突破的成功率。

2.5.5.2　评估的方法

侦查人员不同于一般人员的地方,其主要的特点是具有观察事物的洞察力和敏锐性,也就是"侦查意识"。侦查意识不可能是天生的,也不可能是在课堂里、书本中学习掌握的,而必定是在侦查实践中感悟、体验、探索积累、不断提高而具有的,必定是建立在认真、细致、审慎的基础之上的。

(1) 详细阅读——线索材料无论是洋洋大篇还是寥寥数语,都要认真阅读、反复阅读、交替阅读,以充分了解线索的全部内容,特别对匿名的材料从字里行间尽可能去发现和掌握各种信息,对字迹、语气、用词、心态、真实意图认真分析、揣摩、判断、甚至对材料的原始信封也要纳入阅读的范围,信封上包括邮戳、邮票有时也会隐藏着某些重要的信息。

（2）注意聆听——对当事人或举报人来进行口头语言举报的，要注意耐心听取陈述人所说的全部内容，在此基础上对要害问题、关键情节通过主动发问（顺问、反问、假设、请教等）启发陈述人提供更详尽、更具体的信息、情况，同时引导陈述人对一些专门知识、行业特点、内部关系以及其他关联的地位、环境、态度、动向、喜好等进行介绍和解释。

（3）仔细分析——围绕线索材料分析获取一定信息的基础上，侦查人员先要针对原始材料进行详细分析，诸如线索材料提供人的动机、地位、处境、心态、角度、关系及线索材料内容的可靠程度、发展的空间、时间、证据的存在方式、形式，并在第一时间内衡量出线索材料的最初价值所在，为集体评估决策准备好必要的第一手基础材料。

（4）理性思考——有些线索看似普通、平常，没有什么惊人之处，但结合侦查人员的工作阅历、生活经验、办案实践、信息积累、细节揣摩，经过反复的理性思索和考虑，往往能发现其中隐藏着犯罪信息的蛛丝马迹。所以，侦查工作不能粗枝大叶，不能马虎大意，不能草率自负，每个线索有其的特殊点，只有经过理性的考虑才能做出准确的判断。

2.5.5.3　科学理性地进行线索评估

侦查人员的大忌是急躁、浮夸、先入为主、缺乏冷静、丧失理性，在对待眉目尚不清的线索上，万万不可忽冷忽热、忽左忽右，而要具有理智、理性的正确态度。

（1）整体评估——在最初各种信息汇总的基础上，必须以一定的组织形式，对线索材料进行集体的全面、整体的综合评估。根据需要和不同情况，可以主办组、侦查科、局务会等形式进行。这一形式作用在于有效发挥集体的智慧，便于从不同角度进行可行性的研究，前瞻性，预见性、多向性地整体把握、斟酌、决策，把各种不利因素和可能出现的各种失误降到最低程度。

（2）法理评估——根据线索反映的信息，运用犯罪构成的理论和实践、有关的司法解释、类同案件的判例等，进行反复和不同角度的评估，如该线索构成犯罪必须具备哪些基本要件，什么要件到不了位就难以构成犯罪等，这样可大大减少调查工作的盲目性、无序性和徒劳性，提高办案效率，保证案件的质量。

（3）客观评估——评估的过程一定要坚持实事求是，不能掺杂任何个人的因素，也不能受环境、任务、压力、情绪的干扰和影响，对不同意见要认真对待，让人把话讲透、讲完，特别对一些细节问题不要疏忽，有些看似细小的环节因素往往蕴藏着重大的信息，实际上往往能决定全局的成败。

2.6　线索价值的认知与运用

2.6.1　线索审查判断的综合方法

对线索的把握以往通常由侦查人员个人负责。侦查人员在众多的各类线索中，凭借有限的经验和个人的感觉作出判断。一般仅以材料所反映的金额大小、地位重要与否、犯罪嫌疑复杂程度来判断线索能否成为案件，即侦查人员平时所说的"像"或"不像"。由于受侦查人员个体经验的局限和素质的差异，每年有一定数量的线索就此被"晾"到一边，有的则长期积压，造成实际案件资源的流失和浪费。因此，对线索的选择、筛选特别要注意完整把握，予以高度重视，用好用足。因此要注意三个改变：

（1）改变机制——要改变办案人员个人或个别几个人负责线索排疑析疑的状况，转变为集中优势兵力进行集体分析评估的机制。

（2）改变方式——要改变发现单一抓手就上手的状况，转化为力争找到两个或两个以上的双重突破口才上手的格局。

（3）改变状态——要改变散兵游勇式调查的状况，转化为集中优势兵力、分工合作,各司其职,互通有无,牢牢掌握调查主动权的态势。

2.6.2　线索甄别的重点和关键

甄别和把握线索的重点及关键是侦查人员的一种基本能力的体现。侦查人员对哪些是线索的重点和关键要做到心中有数:

(1) 对犯意的产生和发展要在最初阶段就要心中有数。

(2) 对线索发展的趋势、可能出现的各种结果或后果要及早心中有数。

(3) 对犯罪嫌疑可能采用哪种手法掩盖犯罪事实或被哪种理由"合理"解释的情况要心中有数。

(4) 哪几个要素是构成本案涉嫌犯罪必不可少的条件要心中有数。

(5) 在众多的需要获取的证据中哪几个证据是最具决定性的要心中有数。

(6) 巨额赃款的出路可能在哪几个方面、什么方式、什么用途要心中有数。

(7) 哪种情况绝对不能在调查过程中发生和出现要心中有数。

(8) 有无出逃或自杀的可能、采用什么针对性措施要心中有数。

(9) 犯罪嫌疑人家属及亲友的有关情况和态度要心中有数。

(10) 犯罪嫌疑人聘请的律师其可能采取的方法、所持的态度要心中有数。

2.6.3　对线索作预期性的思考

所谓预期性,就是对线索的发展前景、调查过程中可能出现问题和意外情况,事先有足够的估计和充分的准备,避免出现因情况突变、出乎意料而陷入束手无策的被动局面。线索评估和调查决策时要做到：

（1）预估——线索的发展趋势、可能出现的情况、可能有哪几种作案手法、可能涉及哪几种罪名、有没有同案人、有没有被惊动等，做到心中有数。

（2）预断——线索性质属性、证据存在的部位和证明力的程度、获取的途径有哪些、有无灭失和不可再生的情况、有没有事先进行了攻守同盟等。

（3）预补——对可能出现的各种不利的因素要事先预料，及时采取弥补应对的措施，力避将来出现反复退补的被动局面。

2.6.4　做好线索全面调查的前期准备和设计

侦查工作过程运作的总体要点是：方向要正确、证据要扎实、措施要得当、思路要开拓、节奏要紧凑，必须具有强烈的侦查意识。

初查工作过程运作的总体要点是：着眼点要准、标准线要高、看问题要透、获信息要广、取方法要活、抓证据要实、思考要尽可能完整和全面。

（1）点面结合，全面展开调查——线索调查前要部署在对重大疑点、重要证据进行调查的同时，注意对线索有辅助作用因素的其他情况的调查，把握重点和一般、特殊和普通、表面和内在、重大和细节的辩证关系。

（2）远近结合，交替进行调查——职务犯罪人的作案是个客观行为过程，往往是具有准备、实施、结果等阶段。只要具备条件，线索调查的设计应注意对作案的各个阶段同时或交替进行调查，便于看问题更加宏观、全面，不被某些局部假象所迷惑。

（3）内外结合，深入扎实调查——每个案件一定有内在和外部的条件和因素组成，无论从内还是从外，先内还是先外，线索调查前的准备要充分，全面把握，力避一头重、一头轻，以减少调查工作的无谓反复和出现不必要的阻力。

2.6.5 案件线索评估的具体要点

职务犯罪案件线索评估的要点应当是有范围的,当然,这个范围比较大。但是,因为具有范围,也就有了明确的界限,笔者根据侦查实践划出以下 30 个要点,一般线索评估的要点均可以从中得到相应的对照确认:

(1) 分析判断是否有明确的被举报人或单位。

(2) 分析判断是否有明确的犯罪事实或迹象。

(3) 分析判断被举报人是否国家工作人员。

(4) 分析判断被举报人单位的性质及体制变化情况。

(5) 分析判断举报材料是否属于检察机关管辖。

(6) 分析判断举报材料是否属于本院管辖。

(7) 分析判断举报材料中的情况是否存在利用职务之便。

(8) 分析判断被举报人有无实施职务犯罪的可能。

(9) 分析判断被举报人有无不予刑事追究的因素。

(10) 分析判断被举报人的特点、经历、背景和隐私等情况。

(11) 分析判断被举报人作案的动机、手法和防范心理。

(12) 分析判断被举报人涉案事实中有无可依靠的人员、可利用的外部条件和其他各种因素。

(13) 分析判断被举报事实有无知情人或直接经手人。

(14) 分析判断举报人是局外人还是知情人。

(15) 分析判断举报件是单一举报还是多头举报。

(16) 分析判断举报动机属于哪类情况。

(17) 分析判断举报事实的可能性和真实性程度。

(18) 分析判断举报事实涉嫌何罪或涉嫌几种罪名。

(19) 分析判断举报事实是否涉及窝案、串案。

(20) 分析判断举报事实的关键症结所在。

(21) 分析判断事实和证据是否客观存在。

(22) 分析判断事实证据获取的可能性及途径。

（23）分析判断调查工作的切入点。

（24）分析判断举报事实的发展趋势和各种可能。

（25）分析判断调查过程中的有利因素和不利因素。

（26）分析判断调查过程中可能在哪些方面遇到阻力。

（27）分析判断调查需要几个阶段。

（28）分析判断调查周期需要多少时间。

（29）分析判断侦查人员应该如何最佳组合。

（30）分析判断举报事实的最终发展结果。

复习与作业要求：分析实践中的职务犯罪侦查线索案例，体会本章中线索的意义、分析与评估等

考核要点：线索的特征与评估

辅助教学活动：研究实践中的案例，了解实践中线索的分析与评估

第3章 职务犯罪(反贪)初查

教学目的和要求:要求学生了解反贪初查的渊源、发展和规范

教学重点和难点:初查的方法和策略

教学方法与手段:案例研究及作业

3.1 初查概念

初查是检察机关在立案前,对职务犯罪案件线索材料进行审查和必要的调查的司法活动。

初查是检察机关侦查部门在获取线索的基础上,为进一步判明是否需要立案侦查,是否需要追究刑事责任,而进行的分析、鉴别、查询、核实和所进行的必要的调查活动。

初查是检察机关根据侦查职务犯罪案件的特殊性,在立案前阶段所设立的一个十分重要的前置环节,也是立案程序的一项重要内容。

3.1.1 初查的法律依据

初查的法律依据是修订后的《刑事诉讼法》第86条规定,"人民法院、人民检察院或者公安机关对于报案、控告、举报和自首的材料,应当按照管辖范围,迅速进行审查,认为有犯罪事实需要追究刑事责任的时候,应当立案;认为没有犯罪事实,或者犯罪事实显著轻微,不需要追究刑事责任的时候,不予立案,并且将不立案的原因通知控告人"。这里所规定的"按照管辖范围,迅速进行审查"即是初查的法律依据。

3.1.2　初查的渊源

初查一词最早出现在 1985 年 1 月召开的第二次全国检察机关信访工作会议的文件里。该文件中有这样一句话:"信访部门比较适合承办部分控告、申诉案件立案之前的初查,以便能为侦查部门提供准确性高一些的案件线索。"1990 年 5 月在最高人民检察院印发的《关于加强贪污、贿赂案件初查工作的意见》(以下简称《意见》)中,开始直接明确"初查"这一概念,该《意见》规定:"初查工作是对贪污贿赂案件线索立案前的审查。"1995 年 7 月 21 日最高人民检察院通过《关于要案线索备案、初查的规定》,第一次在规范性文件中对初查的概念作出了规定,但仍为内部工作规定。其中第 3 条规定:"初查是指人民检察院在立案前对要案线索材料进行审查的司法活动。"

3.1.3　初查的争议与现状

初查在检察机关内部存在争议,持不同意见的主要认为"《刑事诉讼法》没有明确规定初查的要求";《刑事诉讼法》中"应当按照管辖范围,迅速进行审查"不是调查,审查与调查具有不同的内涵。

1997 年 1 月 1 日,修订后的《刑事诉讼法》开始施行,其中第 86 条规定:"人民法院、人民检察院或者公安机关对于报案、控告、举报和自首的材料,应当按照管辖范围,迅速进行审查,认为有犯罪事实需要追究刑事责任的时候,应当立案;没有犯罪事实,或者犯罪事实显著轻微,不需要追究刑事责任的时候,不予立案,并且将不立案的原因通知控告人。控告人如果不服,可以申请复议。"对于此条规定,检察机关普遍认为其中"应当按照管辖范围,迅速进行审查",就是检察机关查办贪污贿赂、渎职侵权等职务犯罪案件进行初查的法律依据。其理由主要是根据《刑事诉讼法》的规定,人民法院、人民检察院和公安机关对于报案、控告、举报和自首的材料,按照管辖范围,都必须迅速进行审查。但是,由于三家机关管辖的案件性质、特点和处理方式不同,审查的要求与意义也有所不同。人民检察院只有在确认犯罪嫌疑人有犯罪事实,符合立案条件,正式立案的情况下,才能对犯罪嫌疑人的全部罪行进行侦查。因此需要在立案前进行必要的审查,即谓初查。而"审查"包括两种情况:一是对报案、控告、举报和自首材料的书面审查,主要解决案件性质的初步判断问题,即是否构成犯罪,构成何种犯罪的问题;二是对报案、控告和自首材料所涉及的事实的审查,需要在书面审查的基础上进行必要的调查,主要解决事实的真伪问题。

1998 年 1 月 15 日最高人民检察院第八届检察委员会第六十九次会议通过、1998 年 12 月 16 日最高人民检察院第九届检察委员会第二十一次会议修订的《人民检察院刑事诉讼规则》第 127条规定:"侦查部门对举报中心移交举报的线索进行审查后,认为需要初查的,应当报检察长或者检察委员会决定。"最高人民检察院虽未在该规则中对初查明确定义,但初查已经作为一个特定的检察机关查案工作起始程序则是无疑的,初查作为立案程序中的一个环节,以司法解释的形式被固定下来。上海市人民检察院2005 年修订的《检察实务手册》中也明确,"初查是立案前对涉嫌犯罪线索进行审查和调查,以判明有无犯罪事实发生,是否需要立案侦查的阶段"。

最高人民检察院于 2005 年 11 月下发《人民检察院直接受理侦查案件初查工作规定(试行)》(2005 年 11 月 1 日最高人民检察院第十届检察委员会第 43 次会议通过),在检察机关内部明确了初查的地位、重要性和必要性。

3.2 初查的特点与作用

3.2.1 初查的特点

(1)初查工作的阶段性——初查工作是立案前的一个相对独

立的阶段,其工作内容、方式有一定的要求。初查不是侦查,初查阶段不能承担侦查职能。

(2) 初查材料的选择性——有的举报材料真伪难辨,有的涉及被举报人多笔贪污贿赂问题。因此,初查时必须逐笔(人)进行归类,由大到小,从易到难,对线索进行整理、甄别,进而选准取证的切入口,从而掌握初查的主动权。

(3) 初查方法的隐蔽性——一般线索除了犯罪事实简单明了或投案自首的外,大多存在模糊性、不确定性。因此,对线索需要分析其行业特点、被举报人的个人信息、社会阶层、经济状况,犯罪可能性等。但由于贪污贿赂犯罪都处于秘密状态,因而职务犯罪案件的初查必须秘密进行。不然可能打草惊蛇,造成被查对象或出逃,或串供,或订立攻守同盟,或毁灭证据等进行反侦查。因此,初查必须秘密进行。

(4) 初查措施的多样性——初查工作中,往往情况不够明了,而使初查陷入难查的局面。因此,办案人员要随机应变,见机行事,不失时机地调整初查方向和手段,掌握初查的主动权。

(5) 初查结果的不确定性——经过初查,被查对象可能涉嫌有罪,也可能无罪。所以,初查的结果事先无法预测,可能截然不同,因此,初查一定要坚持客观、公正、理性、规范、不枉不纵、不先入为主、不无端生疑。

3.2.2 初查的作用

随着社会文明的进步,尊重和保护人权日益受到关注和重视。政治、经济、社会环境要求检察机关的执法理念、相关机制要与时俱进。检察侦查权是惩治腐败和保障社会公平、正义的有力武器,规范的初查对于保障检察机关依法独立公正行使检察权具有十分重要的意义。

(1) 打击和保护并重——通过加强和规范初查,从手段上看,严格限制初查的措施,保障了公民的合法权利,保证了检察机关高质、高效查办贪污贿赂案件;从结果上看,对于涉嫌贪污贿赂犯罪需要追究刑事责任的能及时予以立案侦查,对于查清确属无辜的及时予以澄清,对于确属诬告陷害的依法移送有关机关追究责任;从内部监督看,有利于检察机关在有限的侦查资源条件下整合各方面人力和财力查办案件,有利于检察机关及时发现和纠正违法行为。

(2) 拓展案源渠道——检察机关查办贪污贿赂案件离不开广大人民群众的支持。加强和规范初查,确保在合法、有效的情况下打击国家工作人员贪污贿赂等职务犯罪,取得人民群众对检察机关的信任,从而为检察机关提供更多的案件线索,形成全社会共同反对腐败的良好的社会舆论氛围。同时通过执行不立案的复议、复核等申诉制度,使受到贪污贿赂犯罪侵害的被害人可以向检察机关了解不立案的原因,为人民群众和检察机关之间建立起互相沟通、互相理解的平台,把检察机关打击贪污贿赂犯罪案件置于人民群众的监督之下,得到人民群众的拥护和支持,从而开辟广泛的案源渠道。

(3) 提高办案效率——初查程序有助于从三个方面提高初查的效率:一是通过执行初查的审批等程序把检察机关反贪部门的主要精力放在初查成案价值较大的案件线索上,避免重复初查、盲目初查造成的人力、财力、物力资源的浪费;二是通过初查计划、初查期限等程序性规定,增强了初查的计划性和目的性,加快了工作节奏,提高了办案效率。三是通过初查备案、报告等制度,使检察机关的初查工作在上级党委、上级检察机关的领导下形成合力,充分利用政治和司法资源,排除各种干扰和阻力,取得政治、法律和社会效果。

(4) 确保责任到人——检察机关的初查工作是一项整体性的工作,需要承办人之间、承办人与领导之间、下级检察机关和上级检察机关各方的协作和配合,通过强化和规范初查,把这些关系有机结合起来,确保分工负责、责任到人,避免推诿扯皮、贯彻不力等情况,最大限度地发挥各个机关和部门的作用,有利于充分发挥各方面的主观能动性,并切实落实责任制。

3.3　初查中易出现的问题

3.3.1　重大职务犯罪缺乏拓展全部犯罪的问题

没有把握全局,只注意眼前的局部、表面现象,挂一漏万,没有把案件查彻底,没有穷尽犯罪事实及证据。

3.3.2　重要取证缺乏相应的复合型应对措施

侦查人员缺乏深入细致的工作思维,心存侥幸,思路简单、工作粗糙、准备不足,往往凭借经验就仓促上阵,从而造成被动局面。

3.3.3　侦查过程拖沓过于漫长延误有利时机

按部就班,人浮于事、缺乏紧迫感、没有充分理由而一味依靠延长侦查期限、不讲究办案效率的情况比较普遍。

3.3.4　有关枝节问题没有穷尽简单粗糙

缺乏实践经验和洞察力,不善于苦思冥想,容易被表面现象所迷惑,对细节考虑不充分、抓大放小、因小误大。

3.3.5　单一抓手匆忙上手急功近利

往往因为外部环境因素所左右,急于求成,不懂心理学原理,实践中轻视心理学的研究,缺乏心理性格等评定环节。

3.3.6　忽视高科技手段的初查理念

对当今社会生活中高科技发展运用认识不足,初查观念单一陈旧,还停留在二三十年前的认识水平上。

3.3.7　控制与防范被疏忽隐藏潜逃自杀等不安全的隐患

没有牢固树立安全第一的思想,责任不明确、不到位,盲目自傲、管理松懈、缺乏忧患意识。

3.3.8　秘密要求不够重视有力过早暴露意图

对秘密侦查的重要性、必要性、有效性重视不够,存在能否秘密侦查无关紧要的思想,秘密观念比较淡薄,战略考虑比较欠缺和比较普遍。

3.3.9　第一时间的价值没有充分重视

对充分利用第一时间的重要性认识不足,缺乏侦查上的主观能动性、主动性,按部就班、缺乏紧迫感,侦查意识不强。

3.4　初查的监督

3.4.1　决定权与实施权相分离

决定初查的侦查决策指挥人员与具体实施初查的侦查人员是相互监督的关系。

3.4.2　复议权与运作权相分离

对初查结果是否认同的复议权在检察机关举报中心,对运作初查的部门是一种监督和制约。

3.4.3　接触权与审批权相分离

初查阶段侦查人员认为需要接触被查对象的,必需呈报请检察长批准,这是审批监督。

3.4.4 监督权与办案权相分离

上级检察机关侦查部门对下级检察机关侦查部门的初查具有监督权,可以提出指导性意见,也可以决定初查的有关事项。

3.5 初查的方法

3.5.1 秘密调查与公开调查

初查在一般情况下应当秘密进行,这是初查的一项原则。秘密初查主要是隐蔽初查意图,采取以案件隐蔽案件、以身份隐蔽案件、以方法隐蔽案件等秘密方法进行。秘密的根本指向主要是针对被查对象。职务犯罪的涉嫌人员都具有相关的职务和地位,有一定的知识和社会经验,其犯罪性质常表现为智能性的特征,故一旦过早惊动被查对象,就会促使被查对象加强反调查、反侦查、毁弃证据、转移财产、订立攻守同盟甚至外逃等举动,有时也会在一定的范围内引起被动,造成不稳定的局面,因此在多数情况下,初查应当秘密进行。秘密初查还有利于排除来自各个方面的干扰和阻力,有利于一定范围内的正常秩序,有利于初查活动的顺利进行。秘密初查,包括内外两个方面的保密:一是在内部严格控制初查方案和内容的知情面,防止走漏消息,二是在外部不让被查对象有所察觉或以假象予以迷惑,保证初查工作的主动性。

公开调查是初查的一种方法,尽管初查中公开调查所占的比重不大,但特定条件下,公开调查也是一种重要的手段措施。公开调查的方法主要适用于:

(1)群众举报公开、强烈,反映的问题集中、影响较大或出现了明显危害结果的线索。这种情况因举报控告方和被举报控告方对问题和矛盾的焦点均知己知彼,再采用秘密方法已不适合和必要。

(2)单位组织内部对被举报的事实已经经过一定时间和范围的调查,并已公开了结果或已作出了处理决定。这类情况对问题的症结所在已较清晰,被查对象也十分明白,有的已作出了相应的举动,接受了相应的处理,故秘密已无必要和可能。并已公开了结果或已作出了处理决定。这类情况对问题的症结所在已较清晰,被查对象也十分明白,有的已作出了相应的举动,接受了相应的处理,故秘密已无必要和可能。

(3)影响较大的窝案、串案、共同犯罪等,这类涉案情况涉及面较大,对涉嫌事实的调查已使初查目的公开化,一般情况下,秘密已无必要和可能。

公开调查的特点,有利最大限度地发动依靠群众,扩大信息、线索的来源渠道,震慑和孤立涉嫌对象,促使初查对象采取相应举动,以暴露出新的、再生证据,也有利于促动部分初查对象迫于压力投案自首。

3.5.2 直接调查与间接调查

直接调查由检察机关反贪部门侦查人员按照初查的计划和程序,以检察人员的身份,向有关单位、组织或个人调取或收集各种与线索材料有关的材料或证据,在此基础上,予以分析、判断,确定是否具有涉嫌犯罪的可能,是否需要进行立案侦查。

间接调查是检察机关反贪部门对需调查的线索,一时尚缺乏直接调查的条件或受到某些客观因素的限制,不便立即由检察人员直接实施调查,而是利用一些专门机构或组织,按照检察机关的要求和意图,先行进行一定的民事、行政性质的调查。如商请审计、会计、造价、评估、鉴定等专业事务机构对一些特定的事项,如工程项目、财务账目、价格事务、质量数量等进行必要的调查并形成结论性意见。检察机关可以在这一结论意见的基础上,综合其他材料来分析、判断、确定下一步调查的可行性和必要性。

3.5.3　单一调查与综合调查

单一调查是需要初查的内容比较单一、独立,有关事实可以用直接的方法得到反映或证明其涉嫌的事实存在与否。如对某一笔资金的流失,对某一项采购的异常,对某一项审计的违规,对某一批物资的短缺等,这类情况由于受客观上的时间和空间的限制,一旦存在涉嫌犯罪,也仅仅具有单一、独立的可能,不具有同类比较、重复多次作案的可能性,因此,对这种情况就是针对这相对单一、独立的具体材料进行周密的调查,以确定涉嫌的事实存在与否。

综合调查是被查人员的职权、地位、影响、能量比较突出,涉嫌的事实多次、多样的可能性较大,时间和空间的范围比较长或广,常常存在多次行为触犯一个罪名或多次行为触犯多个罪名,对这类情况就要从其职权形成的开始、发展,从职权运作的过程、特点,从产生的各种结果、后果进行全面、综合的调查,以全面查清可能作案的动机、条件、手法,以确认其涉嫌犯罪的事实存在的性质和程度。

3.5.4　常规调查与集强调查

检察机关侦查组织结构(最小单位一般为2～3人)的实际和职务犯罪初查的特点决定了初查多为常规的调查,即由少量检察人员按照内部的组织分工,围绕初查目标,按照初查方案,根据初查材料进行深入、细致、层层推进的调查。这类调查一般体现出工作效率高、灵活性大、机动性强、反应度快的优势,特别是有利侦查意图目的的保密,不易暴露和惊动。

集强调查是对涉及涉嫌事实多、涉嫌人员多、情况复杂的重大、疑难的线索材料,集中较强的力量和较多的人员,围绕一个总的目标采用统一指挥,分工合作,各有侧重,及时沟通的一种方法。其适用于办理一些时间紧、要求高、任务重、影响大、难度强的涉嫌线索,可以有效利用各种矛盾、差异、各个击破,产生集中力量打歼灭的效果。

集强调查虽然动作大、惊动大,但运作得成功能起到有震动、有影响、气势大、力度强的良好的办案效果和社会效果。

3.5.5　独立调查与联合调查

独立调查是检察人员按照法律的规定,独立地对涉嫌线索实施调查,其调查的目标意图、方法、措施、手段可以对任何团体和个人保密,并不受来自任何方面的干扰和阻力,突出显示检察机关查处职务犯罪的专门性职能。

联合调查是检察机关根据实际情况和需要,会同纪委、公安、海关、审计、工商、税务等行政执行机关对一些问题复杂、专门性突出、多种违纪违法行为交织、涉及多种罪名的线索联合进行调查。这种方式有利发挥各机关的专业特长、专门知识和专门手段,使错综复杂的情况在有限的期限内被调查、梳理清楚、并根据需要,可由最有利、最恰当的机关采取相应的措施,为最终实现侦查目的奠定基础、创造条件。这一形式可弥补检察机关受传唤时间的限制、手段措施不多、人力物力有限等的不足,赢得深入调查的时间、空间和工作的主动性、有效性。

3.5.6　专门手段的调查

(1) 化装调查——侦查人员借用其他社会身份去了解和获取与职务犯罪案件线索有关的信息和证据。

(2) 耳目内线——利用特定人员、知情人以其特有的身份和便利条件去了解与职务犯罪案件线索有关的信息和证据。

(3) 秘密录音像——在被查对象不知情的状态下,对其的活动情况与涉及案件有关的言谈、行为进行暗中音像的记录。

(4) 调动布控——侦查人员主动以一些客观或主观条件因素刺激被查对象,促使其运动起来,而暴露漏洞,以便于进一步有效掌控。

（5）证据补强——利用一些特定人员的地位对正面取证有一定难度的证据予以补充、强化以增强证据的证明力。

3.6　初查的内容、途径与禁忌

3.6.1　初查的内容

（1）有否明确的举报人和单位（署名、匿名、假他人名）。

（2）有否明确的犯罪事实和迹象（直接、间接、传来、推定、想象）。

（3）是否国家工作人员（原始书证）。

（4）单位性质及体制变化情况（注册资料）。

（5）是否属于检察机关管辖（依据）。

（6）是否属于本院管辖（依据，调动管辖）。

（7）是否存在利用职务之便（客观的职责范围）。

（8）有无存在实施职务犯罪的可能（可行性证据）。

（9）有无不予刑事追究的可能（不可行性证据）。

（10）有什么背景特点经历隐私（心理剖析）。

（11）作案动机手法和防范心理程度（心理剖析）。

（12）有无可依靠的人员和因素（发现与发掘）。

（13）有无知情人或直接经手人（发现与发掘）。

（14）举报人是局外人还是知情人（客观分析）。

（15）举报件是单一举报还是多头举报（充分了解）。

（16）举报动机属于哪类情况（准确判断）。

（17）举报事实的可能性和真实性程度（准确判断）。

（18）举报事实涉嫌何罪或涉嫌几种罪名（预先判断）。

（19）是否涉及窝案串案（预先判断）。

（20）举报事实的关键症结所在（合理分析确认）。

(21) 事实证据是否客观存在(合理分析确认)。

(22) 事实证据获取的可能性及途径(合理分析确认)。

(23) 调查工作的切入点及利弊(合理分析确认)。

(24) 举报事实的发展趋势和各种可能(合理分析确认)。

(25) 调查过程中的有利因素和不利因素(合理分析确认)。

(26) 调查过程中可能出现阻力的方面(合理分析确认)。

(27) 调查工作需要几个阶段(科学设定)。

(28) 调查周期需要多长时间(科学设定)。

(29) 侦查人员应该如何最佳组合与有效控制防范(科学设定)。

(30) 最终发展结果的预测(正反两面的预判)。

3.6.2 初查的途径

(1) 向署有真实姓名的举报人详细了解各种细节(了解掌握心理)。

(2) 调取工商注册登记等相关资料(原始客观依据)。

(3) 调取户籍等相关资料(避免张冠李戴)。

(4) 调取任职等相关资料(国有企业性质及职务变化情况)。

(5) 调取社会身份资料(了解掌握心理)(社会地位或虚荣心)。

(6) 了解个人活动规律、活动圈子(了解掌握心理)。

(7) 了解出入境情况(次数、同行人)。

(8) 了解电讯来往记录(了解掌握社会关系及交往心理)。

(9) 了解金融资金资料(财产申报将开辟广阔的案源)。

(10) 了解房产登记资料(水电煤卫话账单)(细节、可以判断人在否)。

(11) 了解车辆、房产购置资料(财产异常)。

(12) 了解子女就学资料(学费来源、是否"裸官")。

(13) 了解医疗住院资料(行受贿的重要证据部位)。

(14) 了解保险投保资料(细节)。

（15）了解投资办企业的资料（细节）。

（16）了解对象的性格习性嗜好等情况（了解掌握心理）。

（17）了解婚外情人、情妇（夫）的情况（了解掌握心理）。

（18）了解相关文档账册资料（细节）。

（19）了解租赁金融保险箱保管箱资料（比例比较大）。

（20）了解境外房产及银行账户情况（细节）。

（21）了解对象身体状况情况（心理）（安全、人文关怀）。

（22）了解对象及家庭成员间关系程度情况（了解掌握心理）。

（23）了解对象奖惩情况（先进人物非常看重曾经的付出和荣誉、钱案）。

（24）了解对象的司机秘书助手等密切人员情况（细节）。

（25）了解对象人际关系依靠势力等情况（了解掌握心理）。

（26）了解对象真实文化程度、法律知识及专业技术水平情况（剔除买卖及虚假文凭、不学无术、滥竽充数）。

（27）了解对象电脑置有运用及熟练程度情况（证据部位，非常重要）。

（28）了解对象收藏文物古董等情况（细节）。

（29）了解对象境外赌博嫖娼等情况（细节）。

（30）了解对象宗教信仰及程度的情况（了解掌握心理）。

（31）了解对象涉黑及往来情况（细节）。

（32）了解对象记日记记账等情况（了解掌握心理）。

（以下主要指农村组织机构中的国家工作人员）。

（33）了解被查对象借债贷款占有公款的情况（细节）。

（34）了解被查对象在城镇购置房产店铺的情况（细节）。

（35）了解被查对象出借个人资金放高利贷的情况（证据部位）。

（36）了解被查对象参加农村宗派组织并在其中地位作用的情况（了解掌握心理）。

3.6.3　初查的禁忌

不得采取任何限制人身自由的强制措施。

不得采取任何限制财产自由的强制措施。

复习与作业要求:初查的重要性

考核要点:初查的技巧

辅助教学活动:研究实践中的案例

第4章 职务犯罪侦查讯问

教学目的和要求：要求学生了解掌握讯问的策略要点

教学重点和难点：讯问的方法与技巧

教学方法与手段：案例研究及作业

4.1 讯问的定位、准备、方法

4.1.1 讯问的定位

（1）突破的目的——通过正面交锋，将初查获取的证据得到犯罪嫌疑人本人供述的印证，形成完整的证据链。

（2）拓展的目的——在固定了犯罪嫌疑人基本或部分犯罪事实的基础上，进一步扩大客观存在的其他犯罪事实或其他犯罪嫌疑人。

（3）固证的目的——在初步获取了证据的基础上，再从不同的角度、细节和客观因素等方面强化证据的固定。

（4）检举的目的——通过政策、法律的教育，动员犯罪嫌疑人检举揭发其所知情或了解的其他人的犯罪事实或嫌疑，给犯罪嫌疑人创造立功的条件。

（5）验证的目的——以犯罪嫌疑人角度用事实验证其所交代的问题具有客观性、真实性、排他性和唯一性。

（6）结案的目的——通过讯问而完整表现与固定犯罪嫌疑人所涉嫌案件的全部情况，综合体现本案件的客观真实性。

4.1.2 讯问人员的基础要求

（1）阅历基础——生活经历、知识经历、实践经历、侦查经历。

（2）能力基础——分析、判断、推理、演绎、逻辑。

（3）知识基础——政治学、法律学、经济学、社会学、证据学、信息学、心理学、逻辑学、历史学、地理学等。

（4）心理和综合素质基础——沉着冷静、庄重严肃、老练沉稳、集中细致、多思勤奋、独立自信、全面客观、戒浮求实、戒躁耐心、敏捷自如。

4.1.3　把握对话过程的特定要求

（1）全面的了解——能收集到的个人的所有情况。

（2）临场的了解——通过神态、语言、动作了解。

（3）适时的调整——因时、因地、因人、因情、因景。

（4）围绕中心作必要的铺垫——单刀直入、声东击西。

（5）判断要害安排好伏笔——制造错觉、隐蔽目的。

（6）抓住实质步步紧逼——揭露矛盾、堵死后路。

4.1.4　讯问的准备

（1）分析案件来源——案件的来源有什么特殊性、特别性,发现可以利用的因素。

（2）了解对象状态——充分详尽掌握对象的各种信息,便于采取针对性的方法。

（3）把握问题关键——本次讯问最主要的是解决什么问题必须牢牢把握和掌控。

（4）调整对方态度——充分把握讯问的主动权,根据需要调动对象的情绪和态度。

（5）熟悉现存疑问——讯问目的中最急需、最薄弱的环节要充分重视力求解决。

（6）研究进退策划——要有进退自如的复合计划,避免讯问出现胶着状态和僵局。

（7）设想应变措施——对讯问过程中可能出现或发生的突发情况有事先的预料。

（8）选择技术手段——思考和认证配合讯问可以采用什么技

术辅助手段。

(9) 落实人员地点——选择合适的讯问人员和讯问时间、场合、地点。

(10) 确定复合方法——研究和准备几套讯问方案以备不时之需。

4.1.5 讯问的方法

(1) 单刀直入——开门见山直奔主题。

(2) 出其不意——隐蔽意图突然袭击。

(3) 步步紧逼——紧锣密鼓不让喘息。

(4) 引而不发——营造气氛制造压力。

(5) 旁敲侧击——从容不迫慢条斯理。

(6) 离间瓦解——扩大疑虑动摇防线。

(7) 感化启发——以情动人化解抵抗。

(8) 揭露矛盾——开膛破肚一针见血。

(9) 软硬兼施——制造落差心理失衡。

(10) 声东击西——欲擒故纵迷惑目标。

(11) 诱反为正——出其不意假大获真。

(12) 侦供交易——合理交易保证底线。

4.1.6 讯问客观"五把握"

(1) 每个凡人都有弱点——要注意发现对手人性中必然存在的弱点。

(2) 每个对象都有优点——要注意发现对象肯定存在的特长与优点。

(3) 每个过程都有重点——要注意把握每个环节中特定的关键重点。

(4) 每个承办都有特点——要充分发挥自己的长处避开自己的弱点。

(5) 每个案件都有缺点——要及时总结已经办结案件中的不

足之处。

4.2　讯问的突破技巧

4.2.1　情感融入

侦查人员调换角度、换位思考,以丰富的情感打动犯罪嫌疑人,使其放下思想包袱、打消顾虑,取得信任感。

4.2.2　语言得当

侦查人员根据犯罪嫌疑人的不同情况和承受力,采用针对性的、合适的语言、语气及用词,使其听得进、能接受。

4.2.3　利用矛盾

侦查人员要注意发现和运用犯罪嫌疑人在作案过程中存在的、或暴露出来的各种矛盾加以扩大,动摇其的心理防线。

4.2.4　逻辑推理

侦查人员以缜密的思路、客观的分析,层层剖析犯罪的原因、过程、心理,以揭露假象还原客观事实真相。

4.2.5　证据制服

侦查人员面对"不见棺材不掉泪"的犯罪嫌疑人,适时出示相应的证据,以客观事实迫使其认罪伏法。

4.3　讯问突破要素

4.3.1　适合的环境

讯问的环境必需事先进行选择,环境要为讯问服务。

4.3.2　同一的认知

要了解犯罪嫌疑人的心态,找到侦查人员与其具有共同认知的话题,逐步深入。

4.3.3　稳中求进

根据案件和犯罪嫌疑人的不同情况,要注意沉着冷静,稳中求进,步步为营。

4.3.4　因势利导

要抓住犯罪嫌疑人的心理弱点,针对性地、耐心细致地进行法理开导,促使其迷途知返。

4.3.5　入理分析

详细分析道理,解开犯罪嫌疑人的思想症结和指出其的错误根源所在,力求其心悦诚服。

4.3.6　激发觉悟

充分运用职务犯罪嫌疑人一般均具有的以往不凡的经历激发其的正义感。

4.4　把握讯问四个阶段

4.4.1　对抗阶段

犯罪嫌疑人在讯问的第一阶段具有对抗的情况是普遍的,其拒供动机占主导地位,表现一般为:神情自若、不屑一顾、色厉内荏、侃侃而谈、居功自傲、气焰嚣张。

犯罪嫌疑人一旦进入侦查讯问阶段,被与外界隔绝以后,心理必定产生与世隔绝、心神不定、不知所措的状态,首先考虑的是自己的问题是怎么暴露的、暴露的是哪些问题、暴露问题的程度如何。因此,在首次讯问中,绝大多数对象会以试探的方式进行摸底,以便决定自己的态度和行为,其试探的目标主要是:证据被掌握的程度;侦查人员的个性、特点、能力;抵抗的后果是怎么样的。其一般作出的举动是:

(1)索要证据。其强调证据的目的是窥视侦查人员的反应,试探侦查人员的底气,从中掌握侦查人员掌握证据的程度。

(2)以假乱真。或坚决否认犯罪事实,或制造时间、地点、人物、情节、顺序等的混乱,以破坏侦查人员既定的讯问思路,从侦查人员不当的反应中了解信息。

(3)编造假供。在回答提问时故意胡编乱造,并且顽固坚持,以迫使侦查人员予以纠正,从中了解问题暴露的方面和程度。

(4)供小瞒大。交代一些无关紧要的枝节问题,或者比较轻微的、次要的问题,并且反复起誓已经彻底交代清楚了,以观察侦查人员的反应。

(5)抗议威胁。强烈表示要控告、或要求领导出场、要求打电话、要求聘请律师,以此来激起侦查人员的反应,从而判断自己的问题的严重程度及后果。

4.4.2　相持阶段

犯罪嫌疑人在讯问的第二阶段必定出现选择性思想斗争,拒供与解脱心理相互斗争,表现一般为:注意聆听、话语减少、唉声叹气、坐立不安、手脚无措、脸红冒汗、低头沉思、目光漂浮、喝水点烟、频繁如厕。

犯罪嫌疑人经过试探摸底,开始适应讯问环境,对侦查人员的能力、经验也有了初步了解,自以为"心中有底",便会集中全部精力对付讯问。对抗相持阶段是侦查人员与犯罪嫌疑人进行实质性较量的重要阶段,进攻与防守、揭露与回避、批驳与狡辩,斗争的一来一往、时起时伏、若明若暗,形成了这一阶段的鲜明特色。犯罪嫌疑人可能会采取多种手段如拒供、谎供、翻供对付讯问。

讯问人员在与犯罪嫌疑人对抗冲突的环境中,情绪最容易受到影响。正确的做法是保持头脑冷静,既不能感情用事,也不能丧失对已获得的犯罪信息的正确判断和继续追诉的信心;要摸清犯罪嫌疑人对抗的主要原因,采取适当的方法促其转化。

4.4.3　动摇反复阶段

经过对抗相持的激烈斗争,在侦查人员的正确讯问方法和坚强意志的影响下,犯罪嫌疑人的心理防线渐渐出现动摇,侥幸心理、抵触情绪渐趋缓和。这时,犯罪嫌疑人犹豫、动摇、矛盾的心理渐渐上升,讯问活动转入到动摇反复阶段。这一阶段,犯罪嫌疑人徘徊在是供述还是对抗的十字路口上,动机斗争非常激烈,出现了供述罪行的征兆,常会有以下表现:

(1) 态度发生变化。当犯罪嫌疑人认识到自己的罪行已被大量证据所证实,丧失继续进行对抗的信心后,突出的表现是态度由硬变软。有的低头不语,面红耳赤,呼吸深而短促;有的情绪波动,似有悔罪之意。

(2) 极力表白,提出条件。犯罪嫌疑人产生供述动机的同时,必然考虑到交代罪行后带来的严重后果。有的找出各种客观理由为自己原来的对抗行为开脱;有的提出各种要求,作出供述罪行的交换条件。

(3) 惶恐不安、无所适从。当犯罪嫌疑人在讯问中突然感到罪行已经无法隐瞒时,常常会出现惊慌恐惧、不知所措的情况。有的额头、手心冒汗,视线无固定目标;有的唇干口渴要求抽烟、喝水;有的搓衣角,下意识的动作增多。在监室内,有的坐卧不安,不能入睡;有的沉闷无语,神态发呆,甚至食欲减退;有的自言自语,唉声叹气,寻求支援。

在动摇反复阶段,犯罪嫌疑人想顽抗,又怕受到从严惩处;想回避,又怕讯问无休止地进行下去;想供述罪行,又抱有"挺一挺"也许能混过去的侥幸心理,讯问的发展迫使犯罪嫌疑人进入权衡利弊的重要关头。此时,侦查人员如果能够准确把握时机,加以恰当引导,犯罪嫌疑人就会放弃对抗心理而坦白交代罪行,如果讯问方法不当,或者未能把握时机,就会延长僵局时间,使犯罪嫌疑人得以修补或重建防御体系,进行更加顽固的对抗。这就要求侦查人员要判明犯罪嫌疑人的供述征兆和残存的供述心理障碍,及时做好转化工作,切忌因取得初步效果而喜形于色、急于求成;注意"搭梯子"、"垒台阶",让犯罪嫌疑人"体面"地下台、上岸。

4.4.4　供认阶段

犯罪嫌疑人在讯问的第四阶段会作出供述的决定,其拒供心理因素逐步弱化减退,供认心理占主导地位,表现一般为:思考后路、提问试探、讨价还价、避重就轻、讨好逢迎、顾虑重重、时供时翻、隐蔽要害、如释重负、一吐为快。

当犯罪嫌疑人的心理防线完全崩溃,对抗讯问的意志彻底动摇,认识到继续隐瞒罪行有害无益,坦白交代才是唯一出路时,讯问活动就进入到供述罪行阶段。

在这个阶段,犯罪嫌疑人的供述障碍得到遏制、驱散或者消除,供述动机占主导地位,为了争取好的结局,对讯问活动表示出关注、热情,愿意回答侦查人员的问题,如实供述罪行。但是,由于畏罪心理的驱使,残存的侥幸心理作祟,不适当的讯问方法的影响,其供述动机仍是不稳定的,在供述罪行时,缺乏彻底性,甚至还会发生反复。主要表现是:

(1) 得过且过。犯罪嫌疑人在供述罪行时,往往不是一次性全部交代清楚问题,而是试探性交代一些,隐瞒关键情节。也有的是百般狡辩、推卸罪责,甚至隐瞒重大罪行的隐情。

(2) 推翻供述。犯罪嫌疑人供述罪行后,又为后果担忧,感到后怕,或受人教唆,而又推翻原来的真实供述。

以上情况表明,犯罪嫌疑人在供述罪行阶段,仍有可能进行最后挣扎,对侦查人员来说,绝不可掉以轻心,应当看作是双方心理战的决胜阶段。要注意:

首先,要一鼓作气、集中注意力进一步做好犯罪嫌疑人的思想教育、引导工作,肯定和鼓励犯罪嫌疑人已迈出的关键步伐和已具有的进步,以尊重、欣赏、欢迎、巩固和强化这种心理转化;

其次,要继续保持严肃认真、一丝不苟的状态,(坚决避免喜形于色、大功告成的轻浮表现),在对其肯定、鼓励但还存在疑点的基础上,突出不满足、不罢休、不停顿、乘胜追击、继续深入、追清犯罪嫌疑人的全部犯罪事实的气势,给犯罪嫌疑人新的暗示和压力,争取穷尽犯罪嫌疑人的全部涉嫌犯罪事实;

最后,对虽然交代了一些犯罪事实,但明显避重就轻、丢卒保车、交代不彻底的犯罪嫌疑人要查清或判明原因,抓住其心理症结,采取针对性的措施,在掌握足够证据的基础上步步逼近,不可半途而废,对具有可能和必要的,还可以在宣布拘留强制措施、移送看守所后的第一时间继续进行讯问。

　　复习与作业要求:了解把握讯问对象的个体特征

　　考核要点:讯问的综合要素和重点

　　辅助教学活动:研究实践中的案例,观察掌握讯问对象的心理状态

第 5 章　职务犯罪侦查谋略

教学目的和要求：要求学生掌握侦查过程中的智能性、应对性

教学重点和难点：侦查谋略的实际运用

教学方法与手段：案例研究及作业

5.1　侦查谋略的概念

5.1.1　谋略概念

谋略即计谋策略，辞书解释为是一种智力成果。表现为"计谋"、"策略"、"谋划"。在现代汉语中，对谋略一词有两层含义：

一是指人们对事物运动变化过程的事先筹度活动，就是思维主体运用知识、智慧和能力进行思考运筹的全过程。

二是指思维活动的结果。谋略意识产生于古时战争之际，谋略思维发轫于兵法之中，起始于三皇五帝，几千年来就传说尧舜即行制谋用计，后人托借姜太公之名作《六韬》。

5.1.2　侦查谋略概念

侦查谋略，首先侦查是侦查机关在办理刑事案件过程中，为了搜集、审查证据，揭露证实犯罪，查获犯罪嫌疑人并查清涉嫌犯罪的具体情况所进行的强制性的专门调查活动。

现阶段作为具有法律意义的侦查谋略，其应该为具有侦查职能的司法机关、行政执法机关，在调查案件、查获犯罪嫌疑人的活动过程中，旨在趋利避害的方法论体系。

5.1.3　职务犯罪侦查谋略概念

职务犯罪侦查谋略是检察机关职务犯罪侦查人员在对公职身份职务犯罪案件的侦查活动中,在法律规定的范围内,根据涉嫌犯罪客观事实的不同表现,通过创造性的思维活动,以最直接、最关键、最有效、最便捷的计划、方法、措施、策略、心理形成的手段达到侦查的目的。职务犯罪属高智能型犯罪,其侦查途径与其他侦查机关"由事到人"不同,一般是"由人到事",侦查工作主要是以人为中心展开。

5.2　侦查谋略的原则

5.2.1　依法运用的原则

侦查谋略必须在法律规定的范围内运用,不得违反法律、政策的规范及社会公共道德的底线,不得人为制造犯罪。

5.2.2　针对性实施原则

侦查谋略必须根据案情或犯罪嫌疑人的特定性、特殊性、针对侦查案情的实际需要和可行性运用,不能千篇一律、生搬硬套。

5.2.3　把握时机的原则

侦查谋略的运用必须把握稍纵即逝的最佳的时机,不能不顾客观条件滥用,一旦失去了有利时机往往很难找回。

5.2.4　报告备案的原则

侦查谋略的设计、运用必须事先请示报告,得到批准,任何个人不得自行其是私自运用,特殊情况下确实有运用必要而来不及事先请示的,事后必须立即补报。

5.3 侦查谋略的分类

5.3.1 时间空间

时间空间类谋略,指谋略的运用必须充分考虑特定的时间空间要素,具有不可再生性。

5.3.2 功能效应

功能类谋略,指谋略具有不同的功能,必须结合特定的阶段或环节针对性的运用。

5.3.3 实施主体

实施主体类谋略,指谋略实施的主体具备客观优势的条件,具有特定性、不可替代性。

5.3.4 运作过程

运作过程类谋略,指谋略相对而言具有连贯性、持续性,通常在运动状态中运用的特性。

5.3.5 形式作用

形式作用类谋略,指谋略的运用依靠其外在的表现形式,如眼神、手势、动作等的作用。

5.4 侦查谋略的作用

5.4.1 开拓侦查思路

侦查谋略的运用可以大大开拓侦查人员的办案思路。

5.4.2　提高智能含量

侦查谋略的运用可以丰富侦查人员的想象力,提高破案过程中的智能含量。

5.4.3　确保案件质量

侦查谋略的运用可以提高案件的质量和效率。

5.4.4　弥补手段不足

侦查谋略是使用可以弥补当前实际存在着的侦查手段装备不足及落后的状态。

5.5　侦查中的典型谋略及禁忌

5.5.1　便服察访、把握关键

所谓便服察访就是侦查人员不暴露职业身份和侦查目的、意图,以普通人的面貌围绕侦查目标去了解有关情况,掌握某种信息,并伺机获取关键性的证据或关键性的信息的一种谋略方法。

其要点:

(1) 不暴露身份,不公开侦查(调查)目的和意图。

(2) 以其他事由掩盖侦查(调查)的目的。

(3) 旨在获取关键证据或关键信息。

(4) 需要集体配合,必要时相互掩护圆场。

(5) 事先请示报批备案,事后报告总结。

5.5.2　化装摸底、直取真经

所谓化装摸底就是侦查人员假借特定的身份,与特定的人员(通常为行贿人)直接打交道,在其没有防备的情况下取得直接证据(信息)的一种谋略方法。

其要点：

(1) 化装不是化妆,要神似而不是形似。

(2) 假借的特定身份要真有其人其职。

(3) 要熟悉与被装身份相关的专业知识。

(4) 化装侦查人员不再参加该案的审讯,尽量不在对象面前暴露真实身份。

(5) 化装侦查的信息、过程不要在媒体上宣传报道。

5.5.3　设置耳目、诱露真情

所谓设置耳目就是为了同职务犯罪作斗争而设立的一种隐蔽力量,耳目是受职务犯罪侦查机关委托执行特殊任务的情报人员。公安机关称这类人员为"刑事特情",香港廉政公署称这类人员为"卧底"。以这一补充力量来获取案件真情的一种谋略方法。其要点：

(1) 耳目不具备侦查人员所拥有的职责和权力,为非侦查人员,没有侦查权。

(2) 耳目在职务犯罪侦查机关领导下,协助开展收集情报信息的工作。

(3) 耳目本身要具有一定的法律知识和侦查工作常识。

(4) 耳目不论是否执行任务均不得公开隐蔽的身份,耳目获得的证据未经转化不得公开使用。

(5) 必须对耳目加强监督和指导。

5.5.4　跟踪盯梢、掌握动向

所谓跟踪盯梢是指侦查人员以隐蔽的形式尾随涉案对象或与案有牵连的人员,监视、控制、掌握其活动,以达到进一步揭露、拓展全部犯罪事实、捕获在逃涉案人员和证实涉嫌犯罪的一种谋略方法。其要点：

(1) 扩大犯罪线索,发现新的犯罪信息或证据。

(2) 捕捉逃犯或执行密捕。

(3) 对其他侦查措施的一种补充和强化。

(4) 需要准备足够的力量,前后接应、男女搭配。

(5) 要有交通工具、通讯设备、戒具准备。

5.5.5　选准缺口、突然袭击

所谓选准缺口,就是在预审过程中,侦查人员针对顽固抵抗的对象心理和物质手段、社会关系中暴露出的"软肋"、"缺口"进行进攻性重创,从而瓦解其心理防线的一种谋略方法。其要点:

(1) 该谋略的运用一般均是针对疑难复杂的案件,对象往往心理素质好,抗审讯能力强,故需要十分慎重、认真策划。

(2) 任何事物都有两个方面,再强的防线也有缺口。因而选准缺口的关键是要在"准"字上下功夫。

(3) 实施的方法、时机要突出"突然"的属性,出其不意、攻其不备。

(4) 运用集体智慧,反复权衡,避免情绪化、浮躁化。

(5) 力争使对象感到意料之外,又在情理之中,心悦诚服。

5.5.6　把握时机、果断出手

所谓把握时机,就是在职务犯罪案件初查过程中,发现了对突破案件十分有利的时间和机会,然后果断、快速的作出反应,用把握及时、措施有力的手段,突破案件的一种谋略方法。其要点:

(1) 这种时机往往有突然出现、事先没有料到的特征。

(2) 这种时机的出现往往不再重现,稍纵即逝。

(3) 这种谋略的使用往往比较紧急,应当允许侦查人员边办边报告,或允许侦查人员先斩后奏,事后补报。

(4) 需要速战速决,准备对象出尔反尔的可能。

(5) 对谋略实施的对象尽可能细节、心理有所掌握。

5.5.7   声东击西、迂回包抄

所谓声东击西,就是侦查(调查)过程中按照正常的、习惯的思路模式可能有阻力、行不通的情况下,采用隐藏侦查目的,从其他领域或外围入手,逐渐靠近侦查目标,声言击东,其实击西,明攻某甲,暗袭某乙,是伪造主攻方向,争取侦查主动权、实现侦查目的的一种谋略方法。其要点:

(1) 侦查的目的明确,但呈隐秘状态。

(2) 外在的表现形式与侦查目的大相径庭。

(3) 由外围或间接途径入手,层层推进。

(4) 与有关单位建立配合协作关系,减少手续程序。

(5) 注意相互信任,同时需要内外有别,注意各自职责范围、权限和保密的规定。

5.5.8   欲擒故纵、引蛇出洞

所谓欲擒故纵是指侦查人员为擒获(查获)犯罪分子,又为了实现某种侦查意图而又故意暂时放纵(不关押)对方,待达到某种侦查目的之后,即将其擒获归案的一种谋略。其要点:

(1) 侦查的案件已有初步成果,但还没有全面告破。

(2) 其目的是为了引出和发现新的犯罪嫌疑人和新的涉嫌犯罪事实,其目的和作用是扩大战果。

(3) "纵",有一定的风险,"纵"后必须跟上必要的手段措施,措施力求完备、周密。

(4) 引蛇出洞之蛇,既可指人,也可指事实真相。

(5) 一般针对犯罪嫌疑人实施,对配合的犯罪嫌疑人应当兑现政策。

5.5.9   利用矛盾、离间取证

所谓利用矛盾,就是侦查人员在共同作案、对偶作案的犯罪

嫌疑人之间利用和扩大他们之间固有的隔阂、猜疑、提防等矛盾，从而互相出卖对方为我所用的一种谋略方法。其要点：

（1）共同犯罪人之间有利益共同体的特征，互为依靠、互为利用，在共同得利的情况下，防线比较牢固。

（2）他们的共同性是建立在各自获取最大利益的基础上的，一旦失去了自己的利益，所谓的共同也不存在了。

（3）他们之间的矛盾是客观存在的，是围绕各自的经济利益而产生的。

（4）他们之间的矛盾差异是追求目的文化的不同而必然形成的。

（5）受贿、行贿人的犯罪地位、犯罪心理和法律后果是不同的，要利用这种不同做足文章。

5.5.10 分化瓦解、各个击破

所谓分化瓦解，就是在侦查活动中充分利用犯罪嫌疑人之间每一个矛盾和冲突，从积极的方面扩大他们的内部裂痕，推动这些矛盾的爆发，然后抓住其薄弱环节、逐个加以突破，最后达到侦查的目的的一种谋略方法。其要点：

（1）此法主要针对共同犯罪、对偶犯罪等两个人以上的犯罪活动。

（2）共同犯罪成员之间一定存在共同的利害关系，但也一定存在自身固有的矛盾，而侦查人员利用的就是这种客观矛盾。

（3）分化是手段，瓦解是目的，只有真正瓦解了共同防御体系，犯罪过程才会彻底暴露。

（4）分化瓦解运用的证据必须是客观真实的，能够引起犯罪嫌疑人重视和关注的。

（5）要充分把握犯罪嫌疑人的"心病"，对症下药。

5.5.11 旁敲侧击、渐进主题

所谓旁敲侧击，就是侦查人员针对对象的具体情况，一时难

以进入谈话正题的情况下,先以对象感兴趣的话题来调动情绪、拉近距离、消除抵触、取得信任,最终获取预期侦查效果的一种谋略方法。其要点:

（1）事先要对对象的所有信息有相对全面、充分的了解掌握,并进行研究分析。

（2）对对象的性格、心理有相应的侦查人员和对应的方法、手段、针对性地来实施。

（3）侦查人员要始终把握谈话的主动权。

（4）侦查人员要采用推心置腹、理解宽容的角度进行沟通。

（5）侦查人员不能私下交易和作不负责任的承诺。

5.5.12　信息反馈、追根寻源

所谓信息反馈,就是侦查人员在社会生活中,注意捕捉各种职务犯罪的信息,动向,经报告程序反馈上级后,按计划予以进入侦查的一种谋略方法。其要点:

（1）侦查人员要具有强烈的侦查意识,敏锐性,洞察力,善于在不经意中获取职务犯罪信息。

（2）所获取信息应及时报告,经评估分析确认具有可行性的,进入初查,侦查程序。

（3）侦查中,注意要对提供信息的人员的负面影响减到最低程度并加以保护。

（4）这类信息的来源应当在一定范围内保密。

（5）如果对获取信息的侦查人员有副作用,应当异人侦查。

5.4.13　利用说情、逆向运作

所谓逆向运作,就是侦查人员对案件对象关系人传来要求对对象有利处置的信息渠道(一般是说情打招呼)进行运作反射,实现其起到对我们侦查工作有利作用的一种谋略方法。其要点:

（1）利用说情、逆向运作是一种司法组织行为,侦查员个人不能私下操作,要经批准备案后规范实施。

(2) 在运作过程中要严格依法实事求是,不得捉弄他人失信于人。

(3) 严禁私开口子,私下承诺,严禁作私下交易。

(4) 规范操作,不搞权宜之计、短期行为。

(5) 对逆向运作中起积极作用的行为人,经过批准应当兑现政策。

5.5.14 安排串供、出其不意

所谓安排串供,是侦查人员对共同犯罪或对偶犯罪的一方,已被突破或争取并予以控制的情况下,而利用其特殊身份,以串供的方式使案中另一方暴露犯罪事实和证据的一种谋略方法。其要点:

(1) 被争取、控制的对象有愿意配合的内在表示。

(2) 串供的时间、地点、内容、方式有周密的部署和充分的准备。

(3) 串供可以双方接触进行,也可用电话等方式进行。

(4) 串供的设计、运用等情况必须严格保密。

(5) 串供的证据必须经过转换才能使用。

5.5.15 围点打援、中心开花

所谓围点打援,是在侦查(调查)过程中,发现中心目标较为复杂众多,一时难以直接进入时,采用把被调查的目标圈围起来进行监视,观察,此为围点;同时有效阻断各种干扰影响侦查(调查)的因素,此为打援,在深入了解,熟悉研究和把握的基础上,适时一举突破中心目标、集群案件时的一种谋略方法。其要点:

(1) 侦查目标复杂,众多,专业性突出,不宜简单贸然从事。

(2) 侦查人员对目标涉及领域的规律,特点的熟悉,了解,掌握的程度不够,需进一步作基础准备工作。

（3）侦查目标之间互相牵连，有牵一发动全身之势，需要在充分准备、十分把握、措施到位的情况下，靠大兵团作战来实现侦查目的，并获取最好效果。

（4）充分依靠和发挥案发单位上级党组织的积极支持和配合。

（5）要有针对性的安排侦查人员专门业务知识的学习掌握，避免侦查过程"外行"的弊端。

5.5.16　内紧外松、以退为进

所谓内紧外松，是指侦查（调查）工作暂时陷入困境，难以继续的情况下，外在形式上结束侦查（调查）工作，给被查对象留出时间空间，产生错觉、松弛神经；内在实质上，则调整角度、加快节奏、强化手段、利用漏洞，从而出其不意地一举查获案件的一种谋略方法。其要点：

（1）当对象隐蔽较深或已作好充分准备、案件久侦不破或侦查（调查）难以为继，而疑点又无法合理排除的条件下运用。

（2）结束侦查（调查），视具体情况，可以真结束，也可以假结束，真结束的可适时宣布初查终结或向有关方面发出不予立案决定书。

（3）实质上是调整角度，方法，策略，不停止查处工作的进行。

（4）侦查人员不能半途而废。

（5）内部需要定期监督检查的措施。

5.5.17　人文关怀、情理并重

所谓人文关怀，是侦查人员在侦查活动过程中按照宪法规定，把尊重和保障人权意识融入其中，也是从心理上感化、争取对象的一种谋略方法。其要点：

（1）人文关怀不是可有可无，是必须体现的政治要求。

（2）要针对对象的心理弱点，围绕侦查目的来实施。

（3）要情理并用，注意不要被对方以为侦查人员是讨好、软弱无能。

(4) 要给犯罪嫌疑人一种意外的感觉和冲击力。

(5) 需要研究犯罪嫌疑人的心理,针对性的体现。

5.5.18 溜边觅食、封血锁喉

所谓溜边觅食、封血锁喉,是侦查人员不按常规的方法进行调查,而且以不惊动对象、采用一些特殊的、变通的方法或手段获取证据的一种谋略方法。其要点:

(1) 针对孤立无援、自我感觉良好的特定条件。

(2) 侦查过程在外部悄然进行,不露声色。

(3) 紧锣密鼓、环环相扣加快节奏。

(4) 充分相信群众、依靠群众。

(5) 对象往往具有背景靠山,注意避开。

5.5.19 巧对意外、将计就计

所谓巧对意外、将计就计,是侦查人员遇到意外的情况,事先没有预料和准备,而临时采取变通的方法突破案件的一种谋略。其要点:

(1) 侦查过程的意外,侦查人员事先没有准备无法预料。

(2) 侦查活动暴露出来的不足与漏洞。

(3) 进行性质的转变,化不利为有利。

(4) 必须进行高智商的思考、谋划。

(5) 及时进行总结,提高侦查人员的严密性、敏锐性、准确而快速反应能力。

5.5.20 禁忌:情况不熟、装得不像

一次,侦查人员到广东省一家私营企业进行取证,对方问你们是哪里来的,干什么。侦查人员随口答:"是来谈业务的,需要找老板。"结果对方客客气气地把侦查人员晾了一天。原来,对方

看出来者不善,根本不敢出来见侦查人员。

失败的原因:

(1) 准备不充分,对假借的身份所要具备的知识不了解、不熟悉。

(2) 装得不像,一副官员的模样与商人相去甚远。

(3) 掩盖真实目的举动太明显,使对方捉摸不透而起疑。

5.5.21 禁忌:大意轻率、弄巧成拙

一次,犯罪嫌疑人的家属来退交赃款,家属表示也没有看到老公把钱拿回家啊,侦查人员随口说:"你老公把钱花在外面的女人身上了"。不料该家属拿起钱就走,说:"经济上犯错误我原谅他,在外面找女人我绝不容忍。"实际上这个信息也只是有人反映,并没有确凿的证据,万一夫妻和解以后来找侦查人员要证据,那就被动了。

失败的原因:

(1) 事先对对象的家庭夫妻关系的情况掌握不够。

(2) 在与其家属接触过程中分析判断其心理活动、承受能力估计不足。

(3) 与侦查活动无关的话一句不能多说,说话不能太随意。

5.5.22 禁忌:操之过急、装备落后

一次,侦查人员安排已经被争取过来的行贿人通过打电话与受贿人"串供",由于事先没有进行实验,结果对方听出电话有录音的杂声,引起了警惕,谋略使用失败。

失败的原因:

(1) 侦查装备设施落后,不适应侦查工作的需要。

(2) 事先没有进行模拟测试、实验,反而打草惊蛇。

(3) 操之过急,被争取的对象被检察院找去的信息可能已被泄露,应先放对象出去,造成其抗拒成功,什么也没有交代的假象,然后在对象放松警惕即过一两天再实施接触,成功率会明显提高。

5.5.23 禁忌:疏忽失控、出现漏洞

不久前,某检察机关在院外办案地点找一具有重大犯罪嫌疑的对象谈话时,对象借故离开,没有引起侦查人员的重视,结果对象畏罪自杀,造成了严重的后果。

失败的原因:

(1)侦查人员责任心严重不足,管理失误。

(2)监督制度形同虚设。

(3)缺乏补位的意识和措施。

(4)审讯缺乏通盘考虑,缺乏连贯性、合理性。

(5)指挥决策和讯问能力水平明显不符合办案现实的需要。

5.5.24 禁忌:急功近利、缺少章法

一次,针对五个对象在同一个行贿人处收受贿赂的涉嫌犯罪的事实,有一检察长直接找五个人集体谈话,动员坦白自首,结果有一个对象坚不吐实,直到三天以后才交代,加大了司法成本。

失败的原因:

(1)急于求成,简单的事情没有从复杂的方面去考虑。

(2)没有运用分阶段、分层次、逐步升级的阶梯式讯问的模式。

(3)对对象的细节情况了解得不够。

(4)过于自信,对意外情况和困难考虑不足。

(5)侦查指挥决策人员的出场,应当服从主持讯问的侦查人员的调度和安排。

复习与作业要求:体会本章中谋略运用要点

考核要点:谋略使用的原则

辅助教学活动:研究实践中的案例,掌握侦查谋略的使用方法

第6章　职务犯罪侦查证据

教学目的和要求：要求学生掌握侦查证据的发现、获取和使用

教学重点和难点：证据的使用方法

教学方法与手段：案例研究及作业

6.1　证据的分类

6.1.1　证明案件的证据

（1）案件发生（指向性依据）。

（2）犯罪后果（综合性证据）。

（3）作案方法过程（种类、连贯证据）。

6.1.2　证明犯罪的证据

（1）人物（责任能力）。

（2）动机（犯意起因）。

（3）时间（客观发生）。

（4）地点（实际存在）。

（5）手段（细节表现）。

（6）情节（程度反映）。

（7）能力（智能含量）。

6.1.3　证明证据的证据

（1）出处点。

（2）客观性。

（3）真实性。

（4）充分性。

（5）排他性。

6.2 证据的发现和使用

6.2.1 证据的发现方法

（1）通过查账发现证据。

（2）通过搜查发现证据。

（3）通过规律发现证据。

（4）通过信息发现证据。

（5）通过触动发现证据。

（6）通过反常发现证据。

（7）通过矛盾发现证据。

（8）通过群众发现证据。

（9）通过引导发现证据。

（10）通过网络发现证据。

（11）通过媒体发现证据。

（12）通过接触发现证据。

6.2.2 再生证据

（1）语言性再生证据。

（2）文字性再生证据。

（3）行为性再生证据。

（4）表现性再生证据。

（5）综合性再生证据。

6.2.3　证据的使用

(1) 是讯问的一种辅助方法。

(2) 是揭露真相、排除侥幸、扩大效果、完善证据。

(3) 不能暴露侦查秘密。

(4) 重要证据不轻易使用。

(5) 不要出示全部证据。

(6) 不能出示虚假证据。

(7) 切实保护提供证据的人。

(8) 出示证据的时机不当。

(9) 出示证据太具随意性。

(10) 出示证据不讲究方法。

(11) 出示了不确实的证据。

6.2.4　证据使用的时机

(1) 对象思想出现犹豫动摇时。

(2) 对象存在严重侥幸心理时。

(3) 对象出现了翻供意图时。

(4) 对象出现假供现象时。

(5) 讯问出现了僵局时。

(6) 讯问出现了明显进展时。

(7) 对象的供述出现矛盾时。

6.2.5　证据使用的特别性

(1) 使用的证据不一定查证属实。

(2) 使用的证据不一定依照法定程序获取。

(3) 使用的证据可以断章取义。

(4) 使用的证据可以"制造"。

(5) 使用的证据可以见风使舵临场发挥。

6.3 证据的审查判断和排除

有关证据审查判断和排除的最新规定

最高人民法院、最高人民检察院、公安部、国家安全局、司法部于 2010 年 6 月 13 日发出印发《关于办理死刑案件审查判断证据若干问题的规定》和《关于办理刑事案件排除非法证据若干问题的规定》的通知（参见本章末的"参考资料"）。

通知内容为：为进一步完善我国刑事诉讼制度，根据中央关于深化司法体制和工作机制改革的总体部署，经过广泛深入调查研究，最高人民法院、最高人民检察院、公安部、国家安全部和司法部近日联合制定了《关于办理死刑案件审查判断证据若干问题的规定》和《关于办理刑事案件排除非法证据若干问题的规定》要求侦查、检察、审判机关遵照执行。

通知还明确：办理其他刑事案件，参照《关于办理死刑案件审查判断证据若干问题的规定》执行。

两个《规定》不仅全面规定了刑事诉讼证据的基本原则，细化了证明标准，还进一步具体规定了对各类证据的收集、固定、审查、判断和运用；不仅规定了非法证据的内涵和外延，还对审查和排除非法证据的程序、证明责任等问题进行了具体的规范。

6.3.1 非法证据的排除

（1）应当回避的侦查人员没有回避的。

（2）超过法定时间或变相羁押、非法羁押期间获取的证据。

（3）有证据证明是采取刑讯逼供或者威胁、引诱、欺骗等方法获取的言词证据。

（4）讯问时没有个别进行的。

（5）讯问时没有使用相应语言没有聘请翻译的。

（6）不能正常辨别是非、不能正确表达的人作的证言。

（7）不具有法定资格的部门或人员所作的鉴定结论。

（8）非侦查机关侦查人员侦查获取的言词证据；非自然人提供的书面证言。

（9）不具备法定资格的审计事务所出具的司法审计报告。

（10）辨认未单独进行、辨认不规范或少于法定数量。

（11）保管不善，已改变获取时原始状态而影响证明力的证据（但有其他证据印证、尚具有客观性的证据除外）。

6.3.2　需要转换后才能使用的证据

（1）未向证人事先告知作伪证责任而获取的证言。

（2）未向犯罪嫌疑人告知权利义务而获取的供述。

（3）侦查人员单人讯问获取的言词证据；讯问笔录没有侦查人员签名的言词证据。

（4）辨认前没有告知辨认人法律责任的辨认。

（5）未出示侦查人员证明文件所获取的言词证据。

（6）未经批准进行的侦查实验所获取的证据。

（7）未经批准扣押的犯罪嫌疑人的邮件、电报。

（8）非女性工作人员或者医师对妇女身体进行检查所形成的检查笔录及所获的实物证据。

（9）未持有效证明进行的勘验、检查。

（10）没有鉴定人签名、盖章及指定医院印章的鉴定结论。

（11）单位出具的合同、票据、收条、身份证、物品价格等证据，未加盖印章或经手人签名的。

6.4　证据体系

6.4.1　证据体系的构造

以犯罪构成的四个要件、案件必备的七个要素（何人、何时、何地、何事、何法、何因、何果)为标准主干。

排除瑕疵、弥补缺陷、解决矛盾,以形成一个各种有关证据相互联系、相互链接、相互交织的完整的、全面的、客观的证据系列,以最终证明案件的事实或明确案件是否成立。

6.4.2 防止翻供的要点

(1) 严肃认真、正义使然、推心置腹、合情合理宣传、讲解、引导。

(2) 从每个细节上体现依法、文明、规范、安全及人性化。

(3) 进行讯问过程的同步录音录像。

(4) 讯问首问是否有罪,详细记录理由和解释。

(5) 重视第一次讯问,力求穷尽。

(6) 重视羁押后的第一时间讯问。

(7) 及时安排对象书写亲笔供词。

(8) 安排作了交代的对象由其向单位领导作复述。

(9) 新的讯问前特意问一下对象对以前的供述有否补充。

(10) 在记录时故意作一些误记,诱导对象进行亲笔更正。

(11) 加强对象在羁押场所的思想行为表现的掌握。

(12) 适当采用移监、异地羁押的措施,强化压力。

(13) 充分利用信息资源、逆用"说情打招呼"。

(14) 争取特定人员的协助配合作用。

(15) 对案件关联人做好宽严相济等稳定工作。

(16) 科学地运用强制措施。

(17) 尝试使用科学仪器作侦查辅助手段。

(18) 注意以非言词证据来补强言词证据。

(19) 及时发现或诱发再生证据并予以有力固定。

(20) 对物质、金额表现形式的证据注意其特征和细节。

(21) 注意对象的住所、特定关系人、电脑、保管箱的信息掌握。

（22）重视和争取对象特定关系人为我服务。

（23）严密固定赃款赃物的出路，做到客观排他。

（24）加快办案节奏，避免冷落过久夜长梦多。

（25）加强内部监督配合协调。

（26）坚持实事求是尊重和保护人权，维护对象的合法权益。

（27）加大对伪证、包庇、妨害诉讼的行为查处的力度。

（28）注意对象供述中的特定细节和特定语言。

（29）及时兑现政策，"用好、用足、用活"刑事司法政策，真正体现宽严相济。

（30）思想上重视、人格上尊重、生活上照顾、身体上照应，考虑合理要求，解决实际困难，以人格力量争取对象。

6.5　获取证据的要点

6.5.1　贪污罪

①贪污罪的犯罪既遂与未遂；②国家工作人员与非国家工作人员共同勾结；③共同贪污罪中个人贪污数额的认定；④公务与劳务；⑤委托与委派；⑥贪污与挪用；⑦共同贪污与私分国有资产；⑧虚设中间环节贪污的认定。

6.5.2　受贿罪

①国有单位性质的认定；②委派型国家工作人员主体的审查；③国有单位改制后国家工作人员主体的审查；④近亲属共同受贿的认定；⑤以借为名受贿的认定；⑥职务与劳务交叉的区分；⑦两规期间证据的审查运用；⑧境外获取证据的审查。

6.5.3　挪用公款罪

①单位决定将公款给个人使用行为；②挪用公款给其他单位

使用行为;③国有单位领导向其主管的具有法人资格的下级单位借公款归个人使用的行为;④挪用有价证券、金融凭证用于质押的行为;⑤挪用公款用于归还个人欠款的行为;⑥挪用公款用于注册公司、企业的行为;⑦挪用公款尚未实际使用的行为;⑧挪用公款转化为贪污的认定。

6.5.4　私分国有资产罪

①必须是纯粹的国资;②必须经过国资管理部门的认定;③必须是在比较大的范围私分。

复习与作业要求:研究职务犯罪侦查证据的发现和使用
考核要点:侦查证据的使用
辅助教学活动:研究实践中的案例

参考资料

关于办理死刑案件审查判断证据若干问题的规定

为依法、公正、准确、慎重地办理死刑案件,惩罚犯罪,保障人权,根据《中华人民共和国刑事诉讼法》等有关法律规定,结合十分实际,制定本规定。

一、一般规定

第一条　办理死刑案件,必须严格执行刑法和刑事诉讼法,切实做到事实清楚,证据确实、充分,程序合法,适用法律正确,确保案件质量。

第二条　认定案件事实,必须以证据为根据。

第三条　侦查人员、检察人员、审判人员应当严格遵守法定程序,全面、客观地收集、审查、核实和认定证据。

第四条　经过当庭出示、辨认、质证等法庭调查程序查证属实的证据,才能作为定罪量刑的根据。

第五条　办理死刑案件,对被告人犯罪事实的认定,必须达到证据确实、充分。

证据确实、充分是指:

(一)定罪量刑的事实都有证据证明;

（二）每一个定案的证据均已经法定程序查证属实；

（三）证据与证据之间、证据与案件事实之间不存在矛盾或者矛盾得以合理排除；

（四）共同犯罪案件中，被告人的地位、作用均已查清；

（五）根据证据认定案件事实的过程符合逻辑和经验规则，由证据得出的结论为唯一结论。

办理死刑案件，对于以下事实的证明必须达到证据确实、充分：

（一）被指控的犯罪事实的发生；

（二）被告人实施了犯罪行为与被告人实施犯罪行为的时间、地点、手段、后果以及其他情节；

（三）影响被告人定罪的身份情况；

（四）被告人有刑事责任能力；

（五）被告人的罪过；

（六）是否共同犯罪及被告人在共同犯罪中的地位、作用；

（七）对被告人从重处罚的事实。

二、证据的分类审查与认定

1. 物证、书证

第六条　对物证、书证应当着重审查以下内容：

（一）物证、书证是否为原物、原件，物证的照片、录像或者复制品及书证的副本、复制件与原物、原件是否相符；物证、书证是否经过辨认、鉴定；物证的照片、录像或者复制品和书证的副本、复制件是否由二人以上制作，有无制作人关于制作过程及原件、原物存放于何处的文字说明及签名。

（二）物证、书证的收集程序、方式是否符合法律及有关规定；经勘验、检查、搜查提取、扣押的物证、书证，是否附有相关笔录或者清单；笔录或者清单是否有侦查人员、物品持有人、见证人签名，没有物品持有人签名的，是否注明原因；对物品的特征、数量、质量、名称等注明是否清楚。

（三）物证、书证在收集、保管及鉴定过程中是否受到破坏或者改变。

（四）物证、书证与案件事实有无关联。对现场遗留与犯罪有关的具备检验鉴定条件的血迹、指纹、毛发、体液等生物物证、痕迹、物品，是否通过 DNA 鉴定、指纹鉴定等鉴定方式与被告人或者被害人的相应生物检材、生物特征、物品等作同一认定。

（五）与案件事实有关的物证、书证是否全面收集。

第七条　对在勘验、检查、搜查中发现与案件事实可能有关联的血迹、指纹、足迹、字迹、毛发、体液、人体组织等痕迹和物品应当提取而没有提取，应当检验而没有检验，导致案件事实存疑的，人民法院应当向人民检察院说明情况，人民检察院依法可以补充收集、调取证据，作出合理的说明或者退回侦查机关补充侦查，调取有关证据。

第八条　据以定案的物证应当是原物。只有在原物不便搬运、不易保存或者依法应当由有关部门保管、处理或者依法应当返还时，才可以拍摄或者足以原物外形或者内容的照片、录像或者复制品。物证的照片、录像或者复制品，经与原物核实无误或者经鉴定证明为真实的，或者以其他方式确能其真实的，可以作为定案的根据。原物的照片、录像或者复制品，不能反映原物的外形和特征的，不能作为定案的根据。

据以定案的书证应当是原件。只有在取得原件确有困难时，才可以使用副本或者复制件。书证的副本、复制件，经与原件核实无误或者经鉴定证明为真实的，或者以其他方式确能证明其真实的，可以作为定案的根据。书证有更改或者更改迹象不能作出合理解释的，书证的副本、复制件不能反映书证原件及其内容的，不能作为定案的根据。

第九条　经勘验、检查、搜查提取、扣押的物证、书证，未附有勘验、检查笔录、搜查笔录，提取笔录，扣押清单，不能证明物证、书证来源的，不能作为定案的根据。

物证、书证的收集程序、方式存在下列瑕疵，通过有关办案人员的补正或者作出合理解释的，可以采用：

（一）收集调取的物证、书证，在勘验、检查笔录，搜查笔录，提取笔录，扣押清单上没有侦查人员、物品持有人、见证人签名或者物品特征、数量、质量、名称等注明不详的；

（二）收集调取物证照片、录像或者复制品，书证的副本、复制件未注明与原件核对无异，无复制时间、无被收集、调取人（单位）签名（盖章）的；

（三）物证照片、录像或者复制品，书证的副本、复制件没有制作人关于制作过程及原物、原件存放于何处的说明或者说明中无签名的；

（四）物证、书证的收集程序、方式存在其他瑕疵的。

对物证、书证的来源及收集过程有疑问，不能作出合理解释的，该证据、书证不能作为定案的根据。

第十条　具备辨认条件的物证、书证应当交由当事人或者证人进行辨认，必要时应当进行鉴定。

2. 证人证言

第十一条　对证人证言应当着重审查以下内容：

（一）证言的内容是否为证人直接感知。

（二）证人作证时的年龄、认知水平、记忆能力和表达能力，生理上和精神上的状态是否影响作证。

（三）证人与案件当事人、案件处理结果有无利害关系。

（四）证言的取得程序、方式是否符合法律及有关规定；有无使用暴力、威胁、引诱、欺骗以及其他非法手段取证的情形；有无违反询问证人应当个别进行的规定；笔录是否经证人核对确认并签名(盖章)、捺指印；询问未成年证人，是否通知了其法定代理人到场，其法定代理人是否在场等。

（五）证人证言之间以及与其他证据之间能否相互印证，有无矛盾。

第十二条　以暴力、威胁等非法手段取得的证人证言，不能成为定案的根据。

处于明显醉酒、麻醉品中毒或者精神药物麻醉状态，以致不能正确表达的证人所提供的证言，不能作为定案的根据。

证人的猜测性、评论性、推断性的证言，不能作为证据使用，但根据一般生活经验判断符合事实的除外。

第十三条　具有以下情形之一的证人证言，不能作为定案的根据：

（一）询问证人没有个别进行而取得的证言；

（二）没有经过证人核对确认并签名(盖章)、捺指印的书面证言；

（三）询问聋哑人或者不通晓当地通用语言、文字的少数民族人员、外国人，应当提供翻译而未提供的。

第十四条　证人证言的收集程序和方式有下列瑕疵，通过办案人员的补正或者作出合理解释的，可以采用：

（一）没有填写询问人、记录人、法定代理人姓名或者询问起止时间、地点的；

（二）询问证人的地点不符合规定的；

（三）询问笔录没有记录告知人应当如实提供证言和有意作伪证或者隐匿罪证要负法律责任内容的；

（四）询问笔录反映出在同一时间断内，同一询问人员询问不同证人的。

第十五条　具有下列情形的证人，人民法院应当通知出庭作证；经依法通知不出庭作证证人的书面证言经质证无法确认的，不能作为定案的根据。

（一）人民检察院、被告人及其辩护人对证人证言有异议，该证人证言对定罪量刑有重大影响的；

（二）人民法院认为其他应当出庭作证的。

证人在法庭上的证言与其庭前证言相互矛盾，如果证人当庭能够对其翻证作出合理解释，并有相关证据印证的，应当采信庭审证言。

对未出庭作证证人的书面证言，应当听取出庭检察人员、被告人及其辩护人的意见，并结合其他证据综合判断。未出庭作证证人的书面证言出现矛盾，不能排除矛盾且无证据印证的，不能作为定案的根据。

第十六条　证人作证,涉及国家秘密或者个人隐私的,应当保守秘密。

证人出庭作证,必要时,人民法院可以采取限制公开证人信息、限制询问、遮蔽容貌、改变声音等保护性措施。

3. 被害人陈述

第十七条　对被害人陈述的审查与认定适用前述关于证人证言的有关规定。

4. 被告人供述和辩解

第十八条　对被告人供述和辩解应当着重审查以下内容:

(一)讯问的时间、地点、讯问人的身份等是否符合法律及有关规定,讯问被告人的侦查人员是否不少于二人,讯问被告人是否个别进行等。

(二)讯问笔录的制作、修改是否符合法律及有关规定,讯问笔录是否注明讯问的起止时间和讯问地点,首次讯问时是否告知被告人申请回避、聘请律师等诉讼权利,被告人是否核对确认并签名(盖章)、捺指印,是否有不少于二人的讯问人签名等。

(三)讯问聋哑人、少数民族人员、外国人时是否提供了通晓聋、哑手势的人员或者翻译人员,讯问未成年同案犯时,是否通知了其法定代理人到场,其法定代理人是否在场。

(四)被告人的供述有无以刑讯逼供等非法手段获取的情形,必要时可以调取被告人进出看守所的健康检查记录、笔录。

(五)被告人的供述是否前后一致,有无反复以及出现反复的原因;被告人的所有供述和辩解是否均已收集入卷;应当入卷的供述和辩解没有入卷的,是否出具了相关说明。

(六)被告人的辩解内容是否符合案情和常理,有无矛盾。

(七)被告人的供述和辩解与同案犯的供述和辩解以及其他证据能否相互印证,有无矛盾。

对于上述内容,侦查机关随案移送有录音录像资料的,应当结合相关录音录像资料进行审查。

第十九条　采用刑讯逼供等非法手段取得的被告人供述,不能作为定案的根据。

第二十条　具有下列情形之一的被告人供述,不能作为定案的根据:

(一)讯问笔录没有经被告人核对确认并签名(盖章)、捺指印的;

(二)讯问聋哑人、不通晓当地通用语言、文字的人员时,应当提供通晓聋、哑手势的人员或者翻译人员而未提供的。

第二十一条　讯问笔录有下列瑕疵,通过有关办案人员的补正或者作出合理解释的,可以采用:

(一)笔录填写的讯问时间、讯问人、记录人、法定代理人等有误或者存在矛盾的;

（二）讯问人没有签名的；

（三）首次讯问笔录没有记录告知被讯问人诉讼权利内容的。

第二十二条　对被告人供述和辩解的审查，应当结合控辩双方提供的所有证据以及被告人本人的全部供述和辩解进行。

被告人庭前供述一致，庭审中翻供，但被告人不能合理说明翻供理由或者其辩解与全案证据相矛盾，而庭前供述与其他证据能够相互印证的，可以采信被告人庭前供述。

被告人庭前供述和辩解出现反复，但庭审中供认的，且庭审中的供述与其他证据能够印证的，可以采信庭审中的供述；被告人庭前供述和辩解出现反复，庭审中不供认，且无其他证据与庭前供述印证的，不能采信庭前供述。

5. 鉴定意见

第二十三条　对鉴定意见应当着重审查以下内容：

（一）鉴定人是否存在应当回避而未回避的情形。

（二）鉴定机构和鉴定人是否具有合法的资质。

（三）鉴定程序是否符合法律及有关规定。

（四）检材的来源、取得、保管、送检是否符合法律及有关规定，与相关提取笔录、扣押物品清单等记载的内容是否相符，检材是否充足、可靠。

（五）鉴定的程序、方法、分析过程是否符合本专业的检验鉴定规程和技术方法要求。

（六）鉴定意见的形式要件是否完备，是否注明提起鉴定的事由、鉴定委托人、鉴定机构、鉴定要求、鉴定过程、检验方法、鉴定文书的日期等相关内容，是否由鉴定机构加盖鉴定专用章并由鉴定人签名盖章。

（七）鉴定意见是否明确。

（八）鉴定意见与案件待证事实有无关联。

（九）鉴定意见与其他证据之间是否有矛盾，鉴定意见与检验笔录及相关照片是否有矛盾。

（十）鉴定意见是否依法及时告知相关人员，当事人对鉴定意见是否有异议。

第二十四条　鉴定意见具有下列情形之一的，不能作为定案的根据：

（一）鉴定机构不具备法定的资格和条件，或者鉴定事项超出本鉴定机构项目范围或者鉴定能力的；

（二）鉴定人不具备法定的资格和条件、鉴定人不具有相关专业技术或者职称、鉴定人违反回避规定的；

（三）鉴定程序、方法有错误的；

（四）鉴定意见与证明对象没有关联的；

（五）鉴定对象与送检材料、样本不一致的；

（六）送检材料、样本来源不明或者确实被污染且不具备鉴定条件的；

（七）违反有关鉴定特定标准的；

（八）鉴定文书缺少签名、盖章的；

（九）其他违反有关规定的情形。

对鉴定意见有疑问的，人民法院应当依法通知鉴定人出庭作证或者由其出具相关说明，也可以依法补充鉴定或者重新鉴定。

6. 勘验、检查笔录

第二十五条　对勘验、检查笔录应当着重审查以下内容：

（一）勘验、检查是否依法进行，笔录的制作是否符合法律及有关规定的要求，勘验、检查人员和见证人是否签名或者盖章等。

（二）勘验、检查笔录的内容是否全面、详细、准确、规范；是否准确记录了提起勘验、检查的事由，勘验、检查的时间、地点、在场人员、现场方位、周围环境等情况；是否准确记载了现场、物品、人身、尸体等的位置，特征等详细情况以及勘验、检查、搜查的过程；文字记载与实物或者绘图、录像、照片是否相符；固定证据的形式、方法是否科学、规范；现场、物品、痕迹等是否被破坏或者伪造，是否是原始现场；人身特征、伤害情况、生理状况有无伪装或者变化等。

（三）补充进行勘验、检查的，前后勘验、检查的情况是否有矛盾，是否说明了再次勘验、检查的原由。

（四）勘验、检查笔录中记载的情况与被告人供述、被害人陈述、鉴定意见等其他证据能否印证，有无矛盾。

第二十六条　勘验、检查笔录存在明显不符合法律及有关规定的情形，并且不能作出合理解释或者说明的，不能作为证据使用。

勘验、检查笔录存在勘验、检查没有见证人的，勘验、检查人员和见证人没有签名、盖章的，勘验、检查人员违反回避规定的等情形，应当结合案件其他证据，审查其真实性和关联性。

7. 视听资料

第二十七条　对视听资料应当着重审查以下内容：

（一）视听资料的来源是否合法，制作过程中当事人有无受到威胁、引诱等违反法律及有关规定的情形；

（二）是否载明制作人或者持有人的身份，制作的时间、地点和条件以及制作方法；

（三）是否为原件、有无复制及复制分数；调取的视听资料是复制件的，是否附有无法调取原件的原因、制作过程和原件存放地点的说明，是否有制作人和原视听资料持有人签名或者盖章；

（四）内容和制作过程是否真实,有无经过剪辑、增加、删改、编辑等伪造、变造情形;

（五）内容与案件事实有无关联性。

对视听资料有疑问的,应当进行鉴定。

对视听资料,应当结合案件其他证据,审查其真实性和关联性。

第二十八条　具有下列情形之一的视听资料,不能作为定案的根据:

（一）视听资料经审查或者鉴定无法确定真伪的;

（二）对视听资料的制作和取得的时间、地点、方式等有异议,不能作出合理解释或者提供必要证明的。

8. 其他规定

第二十九条　对于电子邮件、电子数据交换、网上聊天记录、网络博客、手机短信、电子签名、域名等电子证据,应当主要审查以下内容:

（一）该电子证据存储磁盘,存储光盘等可移动存储介质是否与打印件一并提交;

（二）是否载明该电子证据形成的时间、地点、对象、制作人、制作过程及设备情况等;

（三）制作、储存、传递、获得、收集、出示等程序和环节是否合法,取证人、制作人、持有人、见证人等是否签名或者盖章;

（四）内容是否真实,有无剪裁、拼凑、篡改、添加等伪造、变造情形;

（五）该电子证据与案件事实有无关联性。

对电子证据有疑问的,应当进行鉴定。

对电子证据,应当结合案件其他证据,审查其真实性和关联性。

第三十条　侦查机关组织的辨认,存在下列情形之一的,应当严格审查,不能确定其真实性的,辨认结果不能作为定案的根据:

（一）辨认不是在侦查人员主持下进行的;

（二）辨认前使辨认人见到辨认对象的;

（三）辨认人的辨认活动没有个别进行的;

（四）辨认对象没有混杂在具有类似特征的其他对象中,或者供辨认的对象数量不符合规定的;尸体、场所等特定辨认对象除外。

（五）辨认中给辨认人明显暗示或者明显有指认嫌疑的。

有下列情形之一的,通过有关办案人员的补正或者作出合理解释的,辨认结果可以作为证据使用:

（一）主持辨认的侦查人员少于二人的;

（二）没有向辨认人详细询问辨认对象的具体特征的;

（三）对辨认经过和结果没有制作专门的规范的辨认笔录，或者辨认笔录没有侦查人员、辨认人、见证人的签名或者盖章的；

（四）辨认记录过于简单，只有结果没有过程的；

（五）案卷中只有辨认笔录，没有被辨认对象的照片、录像等资料，无法获悉辨认的真实情况的。

第三十一条　对侦查机关出具的破案经过等材料，应当审查是否有出具该说明材料的办案人、办案机关的签字或者盖章。

对破案经过有疑问，或者对确定被告人有重大嫌疑的根据有疑问的，应当要求侦查机关补充说明。

三、证据的综合审查和运用

第三十二条　对证据的证明力，应当结合案件的具体情况，从各证据与待证事实的关联程度、各证据之间的联系等方面进行审查判断。

证据之间具有内在的联系，共同指向同一待证事实，且能合理排除矛盾的，才能作为定案的根据。

第三十三条　没有直接证据证明犯罪行为系被告人实施，但同时符合下列条件的可以认定被告人有罪：

（一）据以定案的间接证据已经查证属实；

（二）据以定案的间接证据之间相互印证，不存在无法排除的矛盾和无法解释的疑问；

（三）据以定案的间接证据已经形成完整的证明体系；

（四）依据间接证据认定的案件事实，结论是唯一的，足以排除一切合理怀疑；

（五）运用间接证据进行的推理符合逻辑和经验判断。

根据间接证据定案的，判处死刑应当特别慎重。

第三十四条　根据被告人的供述、指认提取到了隐蔽性很强的物证、书证，且与其他证明犯罪事实发生的证据互相印证，并排除串供、逼供、诱供等可能性的，可以认定有罪。

第三十五条　侦查机关依照有关规定采用特殊侦查措施所收集的物证、书证及其他证据材料，经法庭查证属实，可以作为定案的根据。

法庭依法不公开特殊侦查措施的过程及方法。

第三十六条　在对被告人作出有罪认定后，人民法院认定被告人的量刑事实，除审查法定情节外，还应审查以下影响量刑的情节：

（一）案件起因；

（二）被害人有无过错及过错程度，是否对矛盾激化负有责任及责任大小；

（三）被告人的近亲属是否协助抓获被告人；

（四）被告人平时表现及有无悔罪态度；

（五）被告人附带民事诉讼赔偿情况，被告人是否取得被害人或者被害人近亲属谅解；

（六）其他影响量刑的情节。

既有从轻、减轻处罚等情节，又有从重处罚等情节的，应当依法综合相关情节予以考虑。

不能排除被告人具有从轻、减轻处罚等量刑情节的，判处死刑应当特别慎重。

第三十七条　对于有下列情形的证据应当慎重使用，有其他证据印证的，可以采信：

（一）生理上、精神上有缺陷的被害人、证人和被告人，在对案件事实的认知和表达上存在一定困难，但尚未丧失正确认知、正确表达能力而作的陈述、证言和供述；

（二）与被告人有亲属关系或者其他密切关系的证人所作的对该被告人有利的证言，或者与被告人有利害冲突的证人所作的对该被告人不力的证言。

第三十八条　法庭对证据有疑问的，可以告知出庭检察人员、被告人及其辩护人补充证据或者作出说明；确有核实必要的，可以宣布休庭，对证据进行调查核实。法庭进行庭外调查时，必要时，可以通知出庭检察人员、辩护人到场。出庭检察人员、辩护人一方或者双方不到场的，法庭记录在案。

人民检察院、辩护人补充的和法庭庭外调查核实取得的证据，法庭可以庭外征求出庭检察人员、辩护人的意见。双方意见不一致，有一方要求人民法院开庭进行调查的，人民法院应当开庭。

第三十九条　被告人及其辩护人提出有自首的事实及理由，有关机关未予认定的，应当要求有关机关提供证明材料或者要求相关人员作证，并结合其他证据判断自首是否成立。

被告人是否协助或者如何协助抓获同案犯的证明材料不全，导致无法认定被告人构成立功的，应当要求有关机关提供证明材料或者要求相关人员作证，并结合其他证据判断立功是否成立。

被告人有关检举揭发他人犯罪倾情形的，应当审查是否已经查证属实；尚未查证的，应当及时查证。

被告人累犯的证明材料不全，应当要求有关机关提供证明材料。

第四十条　审查被告人实施犯罪时是否已满十八周岁，一般应当以户籍证明为依据；对户籍证明有异议，并有经查证属实的出生证明文件、无利害关系人的证言等证据证明被告人不满十八周岁的，应认定被告人不满十八周岁；没有户籍证明以及出生证明文件的，应当根据人口普查登记、无利害关系人的证言等证据综合进行判断，必要时，可以进行骨龄鉴定，并将结果作为判断被告人年龄的参考。

未排除证据之间的矛盾,无充分证据证明被告人实施被指控的犯罪时已满十八周岁且确实无法查明的,不能认定其已满十八周岁。

第四十一条　本规定自二○一○年七月一日起施行。

关于办理刑事案件排除非法证据若干问题的规定

为规范司法行为,促进司法公正,根据刑事诉讼法和相关司法解释,结合人民法院、人民检察院、公安机关、国家安全机关和司法行政机关办理刑事案件工作实际,制定本规定。

第一条　采用刑讯逼供等非法手段取得的犯罪嫌疑人、被告人供述和采用暴力、威胁等非法手段取得的证人证言、被害人陈述,属于非法言词证据。

第二条　经依法确认的非法言词证据,应当予以排除,不能作为定案的根据。

第三条　人民检察院在审查批准逮捕、审查起诉中,对于非法言词证据应当依法予以排除,不能作为批准逮捕、提起公诉的根据。

第四条　起诉书副本送达后开庭审判前,被告人提出其审判前供述是非法取得的,应当向人民法院提交书面意见。被告人书写确有困难的,可以口头告诉,由人民法院工作人员或者其辩护人作出笔录,并由被告人签名或者你捺指印。

人民法院应当将被告人的书面意见或者告诉笔录复印件在开庭前交人民检察院。

第五条　被告人及其辩护人在开庭审理前或者庭审中,提出被告人审判前供述是非法取得的,法庭在公诉人宣读起诉书之后,应当先行当庭调查。

法庭辩论结束前,被告人及其辩护人提出被告人审判前供述是非法取得的,法庭也应当进行调查。

第六条　被告人及其辩护人提出被告人审判前供述是非法取得的,法庭应当要求其提供涉嫌非法取证的人员、时间、地点、方式、内容等相关线索或者证据。

第七条　经审查,法庭对被告人审判前供述取得的合法性有疑问的,公诉人应当向法庭提供讯问笔录、原始的讯问过程录音录像或者其他证据,提请法庭通知讯问时其他在场人员或者其他证人出庭作证,仍不能排除刑讯逼供嫌疑的,提请法庭通知讯问人员出庭作证,对该供述取得的合法性予以证明、公诉人当庭不能举证的,可以根据刑事诉讼法第一百六十五条的规定,建议法庭延期审理。

经依法通知,讯问人员或者其他人员应当出庭作证。

公诉人提交加盖公章的说明材料,未经有关讯问人员签名或者盖章的,不能作为证明取证合法性的依据。

控辩双方可以就被告人审判前供述取得的合法性问题进行质证、辩论。

第八条 法庭对于控辩双方提供的证据有疑问的,可以宣布休庭,对证据进行调查核实。必要时,可以通知检察人员、辩护人到场。

第九条 庭审中,公诉人为提供新的证据需要补充侦查,建议延期审理的,法庭应当同意。

被告人及其辩护人申请通知讯问人员、讯问时其他在场人员或者其他证人到庭,法庭认为有必要的,可以宣布延期审理。

第十条 经法庭审查,具有下列情形之一的,被告人审判前供述可以当庭宣读、质证:

(一)被告人及辩护人未提供非法证据的相关线索或者证据的;

(二)被告人及其辩护人已提供非法证据的相关线索或者证据,法庭对被告人审判前供述取得的合法性没有疑问的;

(三)公诉人提供的证据确实、充分,能够排除被告人审判前供述属于非法取得的。

对于当庭宣读的被告人审判前供述,应当结合被告人当庭供述以及其他证据确定能否作为定案的根据。

第十一条 对被告人审判前供述的合法性,公诉人不提供证据加以证明,或者已提供的证据不够确实、充分的,该供述不能作为定案的根据。

第十二条 对于被告人及其辩护人提出的被告人审判前供述是非法取得的意见,第一审人民法院没有审查,并以被告人审判前供述作为定案根据的,第二审人民法院应当对被告人审判前供述取得的合法性进行审查。检察人员不提供证据加以证明,或者已提供的证据不够确实、充分的,被告人该供述不能作为定案的根据。

第十三条 庭审中,检察人员、被告人及其辩护人提出未到庭证人的书面证言、未到庭被害人的书面陈述是非法取得的,举证方应当对其取证的合法性予以证明。

第十四条 物证、书证的取得明显违反法律规定,可能影响公正审判的,应当予以补正或者作出合理解释,否则,该物证、书证不能作为定案在根据。

第十五条 本规定自二○一○年七月一日起施行。

第7章 职务犯罪侦查细节

教学目的和要求:要求学生掌握侦查细节的设计

教学重点和难点:侦查细节的运用

教学方法与手段:案例研究及作业

7.1 侦查细节概念

7.1.1 细节概念

细节是主观世界与客观世界信息外在的最小的组成单位和表现形式,细节存在于社会生活的各个方面。细节在客观实践中表现为:往往是不被人们注意的、琐细的、平常的、最小的组成单位,其中有些因素可以反映、左右、影响或决定事物发展的进展速度和最终结果。

与侦查活动有关的众多琐细的、平常的最小组成单位,其中有的可以反映事物的本质、引导侦查的方向、影响侦查的结果、决定侦查的成败。

7.1.2 侦查细节概念

侦查机关在刑事侦查过程中必须在众多琐细的、平常的小事情中关注、发现、提炼和利用对侦查活动有关的事物各种微小的表现因素,从而提高侦查活动质量、效率和准确性。

侦查活动过程中与侦查活动有关的种种细小的信息、迹象、环节、时间、空间、举动都是侦查人员必须认真对待、周密考虑、仔细分析、深入研究、反复权衡、不可忽视的重要因素。

7.1.3 职务犯罪侦查细节概念

职务犯罪侦查活动中与查处贪污、贿赂等职务犯罪有关的、可以引导侦查方向、可以反映与案件有关的事物本质、可以或可能左右、影响、决定职务犯罪侦查活动质量、效率、准确性或最终结果的各种琐细的、平常的最小组成单位和因素。

7.2 侦查细节的特征与特性

7.2.1 侦查细节的特征

(1) 客观性——细节是客观存在的。

(2) 广泛性——细节在任何部位均存在。

(3) 动态性——细节是发展变化的。

(4) 相对性——细节具有双重性。

(5) 整体性——细节与整体是密切相关的。

(6) 局限性——细节的作用是有限的。

(7) 隐含性——细节往往比较不引人注目。

(8) 琐细性——细节非常繁琐细小。

7.2.2 侦查细节的特性

(1) 关联性——细节与案件和犯罪嫌疑人具有密切的联系。

(2) 唯一性——细节反映的只是一种结果。

(3) 必然性——细节的发生是客观的。

(4) 多重性——细节可以被任何人采用。

(5) 主导性——细节可以引导整体的发展。

7.2.3 侦查细节的两重性

(1) 细节决定成败——细节可以直接影响结果。

（2）细节模糊主体——细节可以混淆整体大局。

7.3　侦查细节的要点与设计

7.3.1　侦查细节的要点

（1）普遍中找特殊。

（2）琐细中辨要点。

（3）过程中抓关键。

（4）繁杂中求精确。

（5）常态中析疑惑。

（6）运用中讲对应。

7.3.2　侦查细节的实践方法

（1）仔细观察。

（2）透彻分析。

（3）客观求证。

（4）具体把握。

（5）排除枝节。

（6）提炼关联。

7.3.3　侦查细节的设计特点及要求

（1）设计的特点：①围绕侦查目的；②主动人为制造；③不经意的形式和刻意的行为；④针对性实用性效果性的行为；⑤客观自然符合特定场景的行为。

（2）设计的要求：①强调互相沟通；②考虑适时烘托、帮衬、弥补漏洞；③注意着眼长远效应；④应时应景、将计就计、灵活发挥；⑤保持秘密。

7.4 侦查细节的运用及教训

7.4.1 细节运用的 20 个环节

（1）讯问前——进入讯问场所，侦查人员规范着装，标志清晰，工作胸卡端正。细节设计的目的是让对象在第一时间就感到面对法律、面对司法机关的敬畏和压力，促使其迅速进入应讯状态。

（2）开始时——进入讯问场所后，侦查人员坐姿端庄，神情严肃，口齿清楚，语速适中。细节设计的目的是调整或制止对象漫不经心、心神不定、胡思乱想的不稳定状态。

（3）传唤后——进入讯问场所后，侦查人员把厚实的卷宗、灌满茶水的大号水杯放到讯问桌子上，并当着对象的面关闭手机。细节设计的目的是暗示对象：我们是有充分准备的，有不搞明白决不罢休的决心。

（4）上车后——把传唤的对象带到车子上指定位置坐定后开车，行驶途中所有侦查人员都不讲话。细节设计的目的是营造一种沉闷的气氛，加重对象的思想压力和紧张心态。

（5）行进中——把传唤的对象带到车子上指定位置坐定后，立即由一名侦查员开始讯问。细节设计的目的是先搭脉，摸清对象属于哪种心理类型，便于正式讯问时采用针对性更强的讯问方法。对心理脆弱、准备不足的对象，可以告知传唤途中交代的视为自首，以达到抓住时机先行突破的目的。

（6）连续性——对讯问过程思想斗争激烈、犹豫彷徨、徘徊不前、常叹短吁的对象，侦查人员不要按时中止讯问去吃饭，也不要按时下班，不要期望下次或者次日再突破。细节设计的目的是告知对象：我们可以抛开一切、有足够的时间和耐心等待。实践中一些对象往往会因讯问中间的一顿饭，睡一觉而更加坚定拒不交代、抗拒到底的信心。

（7）羁押前——对决定刑事拘留且尚未全面突破的对象，在宣布拘留之前，在戴上戒具、押到车上后，特意多停留五分钟，此刻侦查人员以冷静观望的神态出现为佳，话一多会认为侦查人员恼羞成怒，心急。细节设计的目的是诱发对象在重要的选择关口急切产生悔意而决定全面交代。当然，对象如确有突出表现、条件许可，可以考虑改变强制措施。

（8）送押后——对押到拘留所执行刑事拘留的对象，在办好入所手续后，可以在拘留所的讯问室继续新一轮的讯问。细节设计的目的是利用对象意料之外、缺乏心理准备的时机进行突破，也可弥补十二小时留下的缺憾。面临马上要失去自由的环境，未知的结局，对象心理会出现强烈波动，这个特殊的时段也是突破的有利时机。

（9）首夜后——对象被押送拘留所次日的第一时间，进行一次充分准备、有强度的讯问。细节设计的目的是因为对象在拘留所度过的第一个夜晚其心理的落差是非常大的，没有被子，没有洗漱用具，没有遇到过的环境，没有集中见到过的那样一些同监在押对象，肯定通宵未眠，精神和意志的抵抗力降到了最低点。因此，在其思想斗争相当激烈。环境相当不适应、人群相当不了解的第一时间，予以突破，成功率相当高。

（10）特定日——对被羁押的对象，注意在几个特定的时日、特定的事宜出现时，进行充满人文关怀式的讯问。细节设计的目的是因为羁押中对象的生日、婚日、孩子应考、老人生病、家庭发生变故时情绪最为脆弱、最容易接受规劝和引导，此时突破成功率较高。

（11）同伙间——讯问时故意在不经意间露出同案对象已经交代清楚的信息，如特意安排几个人在讯问室门外谈案情，让对象隐约听到几句他人已经彻底摊牌的情况，也可安排一年轻侦查员佯装冒失推讯问室门而入，向主讯人员报告：他人已经全部交代的情况。细节设计的目的是加上"压垮骆驼的最后一根稻草",促使担心他人没有交代、自己不想先交代的对象狠下决心交代。

(12)特需时——在对象身体不好,具备一些合理的特殊需求时,真诚予以助一臂之力,如端一碗粥、递一块毛巾、允许休息一会儿。对深夜结束讯问、不需羁押的对象,负责护送回家。细节设计的目的是以真诚打消对象对检察机关的怀疑、害怕、不信任的顾虑和疑惑,确保安全。

(13)敏感时——对思想顾虑特别重、心理特别脆弱、性格特别敏感的对象采用特别的语言,如以"错误"替代犯罪、以"放下包袱,轻装上阵"替代"老实交代"、以"把不该拿的退还回来"替代"退赃"。细节设计的目的是使对象在宽松、充满人情味的环境中吐露真情。

(14)关系网——会同对象的特定关系人,如家属、好友、信任的领导书写规劝的字条,适时交给对象阅读。细节设计的目的是使对象在对侦查人员不信任、将信将疑的情况下,端正态度,配合侦查人员实事求是谈清问题,进行合理的辩解和解释。

(15)用影像——利用录音录像的判断或者无声的影像作特定适时的播放。细节设计的目的是打消对象的幻想,动摇对象的防线,展示检察机关的教育、规劝、挽救是有的放矢的,是有事实依据的。

(16)诱漏洞——对不愿如实交代、企图蒙混过关的对象,以诱导、激将法的方式,让其书写有关业务联系的有关人员的名字和单位。细节设计的目的是因为一般对象只写正常关系的人,故意不写与自己有不正常往来人员的情况,这样就诱导其暴露"此地无银三百两"的结果,以利正常人员进一步明确突破重点。

(17)提兴趣——对具有抵触情绪强烈、听不进正面教育、劝导、不愿意多讲话的对象,要以事先了解对象的细节以相应有共同点的侦查人员设计的细节进行交流。细节设计的目的是引起对象感触最深且有兴趣的话题,取得对话的基础,待对象话匣子打开,抵触情绪松懈,有了一定的信任感后,侦查人员再及时将话题引入讯问主题,此刻往往能够达到较好的效果。

(18)显威势——对涉嫌犯罪情节严重、态度顽固、行为抗拒的对象,要特别安排有隔离栏的讯问室、能够限制自由的椅子。细节设计的目的是充分显示司法机关的强制力,形成强大的讯问攻势,制造一种正义的高压态势,迫使对象就范。

(19)强制力——对藐视法律、挑衅法律、狂妄无理的对象,不予过多纠缠,及时出具拘留证、戒具、扣押随身携带的物品。细节设计的目的是堵死涉嫌犯罪的对象所有企图规避法律追究的退路,迫其思想认识早日到位,在法律事实面前低头认罪。

(20)特定人——对女性对象至少安排有一名女侦查人员或者法警在场;对级别较高的对象可以有侦查部门负责人作一次谈话;对年长的对象安排年龄相当的、或者资深侦查人员进行讯问。细节设计的目的是让对象获得一定的心理平衡,诱发对象的自卑感、自责感,促进其思想认识尽快到位。

7.4.2　细节的 15 个案例提示

(1)不能少讲一句话。在一次对犯罪嫌疑人的住处进行搜查的过程中,侦查人员过于给对象家属增加压力,临走也没有一句宽慰的、明确前途的话语,结果造成在侦查人员离开后不久该对象家属自杀身亡的后果。

(2)不能少跑一次路。某侦查人员对一起初查不成立案件的线索,没有按规定及时向案发单位移交,结果被查对象自以为问题严重,害怕牢狱之灾,结果在家中自杀身亡。

(3)不能少跟随一步。侦查人员在对某对象传唤过程中,单位领导表示要同该对象再讲几句话,侦查人员没有靠前跟随,结果对象乘人不备从高层跳楼自杀。

(4)不能少出一趟车。某检察机关在深夜讯问结束,没有派车辆送对象回家,而让犯罪嫌疑人自行回家,结果对象在路上撞车自杀。

（5）不能少留一个人。某检察机关在看护犯罪嫌疑人的过程中，违反规定，只留有一个人看护，结果因为疲劳，侦查人员打起了瞌睡，结果对象利用窗帘的绳索上吊自杀。

（6）不能少设一环节。侦查人员在外地执行押解犯罪嫌疑人回沪的任务时，当对象提出要上厕所的时候，没有落实看管的环节，结果造成对象带铐逃跑。

（7）不能少看一行字。一个对象在笔录的最后写上了：以上笔录看过，不是事实。侦查人员当时没有发现，结果在法庭上被认为该笔录没有效力。

（8）不能少用一只手。一次侦查人员在抓捕一重大犯罪嫌疑人时，用一只手把对象控制住，结果没有走几步，对象猛一挣脱便逃之夭夭。

（9）不能少留一心眼。一犯罪嫌疑人在笔录签字过程中，在自己的名字中加了个"冤"字，侦查人员没有发现，结果被法院认为是无效笔录。

（10）不能少一点仔细。一次侦查人员去某市取证，由于准备不足，跑了一百多个单位没有结果。回到上海发现，具体单位地址、名称可以从一些具有压痕的字条上看到，得来全不费工夫，第一次就白白浪费了。

（11）不能少一分警惕。一侦查人员在办公期间就去了一次厕所，也就几分钟，但回到办公室发现桌子上的案卷没有了，造成了一起严重事故。

（12）不能少一道手续。某侦查小组深夜将搜查来的物品分头保管，准备第二天集中上交保管室保管，但由于相互之间没有任何手续，结果发生了钱物的短缺，造成了一起责任事故。

（13）不能少一个依据。一侦查人员在对犯罪嫌疑人家属谈话时，将没有查证属实的话对家属讲了，结果该家属当即就要离婚，差点产生不良后果。

（14）不能少一点理性。一侦查人员在讯问犯罪嫌疑人过程中，因对象的恶劣态度、嚣张气焰十分气愤，结果出言不逊，说了几句具有侮辱人格的语言，对象抓住不放，到处上访，造成了不良影响。

（15）不能少一点讲究。一些侦查人员制作的笔录书写潦草、难以辨认；或用电脑制作笔录时，将笔录进行剪切复制，根本没有用脑筋来做笔录。因此，造成一些笔录在法庭上证明力下降，有的则完全失去证明力。

复习与作业要求：掌握侦查细节的运用

考核要点：侦查细节设计

辅助教学活动：研究实践中的案例

第8章 职务犯罪侦查文书与笔录

教学目的和要求:要求学生掌握侦查笔录基本制作要求

教学重点和难点:侦查笔录制作实践

教学方法与手段:案例研究及作业

8.1 概念、性质

8.1.1 文书概念

侦查机关对已经立案的刑事犯罪案件,按照刑事诉讼法规定的程序方法和手段,对犯罪嫌疑人犯罪行为进行侦查时所制作使用的公文。

侦查机关根据法律的规定和受权在实施侦查活动的过程中,对犯罪嫌疑人或案件关联人的供述或陈述客观地以文字记录的形式形成具有法律效力或法律意义的书面材料。

8.1.2 文书属性

①法律文书(外延最大,包括诉讼、司法、检察、侦查文书);②诉讼文书(与司法、检察、侦查文书相交叉);③司法文书(与诉讼、检察、侦查文书相交叉);④检察文书(与司法、诉讼、侦查文书相交叉);⑤侦查文书(与司法、诉讼、检察文书相交叉);⑥职务犯罪侦查文书;⑦反渎侦查文书。

8.1.3 文书性质

①法律性(法律的依据);②国家性(依附国家授权);③规范

性(严格的限制);④单一性(不能多种含义);⑤秘密性(属于侦查机密);⑥合法性(侦查职能属性);⑦强制性(具有特定效力);⑧永久性(国家档案性质)。

8.1.4 文书特别性

①特殊性(特殊刑事犯罪);②特别性(特别身份特别要求);③特定性(两规特定环节);④特例性(例外的对待与处理)。

8.2 笔录特点、分类

8.2.1 笔录的特点

①强制性(制约);②侦查性(探究);③自然人(单个);④效力(法律后果);⑤形式(特定);⑥专门(规范);⑦特征(唯一);⑧期限(永久)。

8.2.2 笔录的各种分类

(1) 按名称种类分:调查笔录、询问笔录、讯问笔录。

(2) 按法律地位分:诉讼笔录、非诉讼笔录。

(3) 按制作功能分:陈述笔录、宣布笔录、告知笔录、确认笔录、辨认笔录、鉴定笔录、检查笔录、见证笔录、证明笔录、固证笔录、交代笔录、自首笔录、补充笔录、勘验笔录、综合笔录等。

(4) 按侦查阶段分:突破笔录、拓展笔录、终审笔录。

8.3 笔录制作要点、方法及存在的问题

8.3.1 笔录的制作要点

(1) 法律性——必须依据法律制作,符合法律的规范和要求。

（2）特殊性——必须突出笔录的不同寻常之处。

（3）客观性——必须完全客观真实。

（4）针对性——必须针对具体的目标和事项。

（5）唯一性——必须只有一种答案。

（6）侦查性——必须力求拓展穷尽。

（7）锁链性——必须形成一个连贯的整体。

（8）完整性——必须没有遗漏和缺忽。

（9）规范性——必须符合制作的要求和规范。

（10）秘密性——必须保持秘密。

（11）永久性——必须永久保持存档。

（12）文书性——必须符合公文文书的规则要求。

8.3.2　笔录制作注意的问题

（1）定位准确。

（2）格式规范。

（3）告知明确。

（4）语言规范。

（5）文字通顺。

（6）清晰整洁。

（7）保持原意。

（8）引用完整。

8.3.3　笔录制作的关键把握

（1）必须侦查人员不得少于两人。

（2）必须在合法场合进行。

（3）必须向对象个别进行。

（4）必须以合法手段进行。

（5）必须在对象正常状态下进行。

（6）必须严格依法进行。

(7) 必须明示地进行。

(8) 必须严格规范地进行。

(9) 必须客观真实地进行。

(10) 必须得到对象的确认。

(11) 讯问人员身份的告知。

8.3.4 笔录制作中的告知

(1) 对犯罪嫌疑人涉嫌何种罪名立案的告知。

(2) 犯罪嫌疑人权利义务的告知。

(3) 对犯罪嫌疑人实施刑事拘留取保候审的告知。

(4) 自被拘留之日起可以聘请律师的告知。

(5) 决定对犯罪嫌疑人予以逮捕的告知。

(6) 不服逮捕可以在 5 日内提请人民监督员复议的告知。

(7) 对复议的人民监督员可以提请回避的告知。

(8) 鉴定结论结果的告知。

(9) 可以对鉴定结论提出重新鉴定的告知。

(10) 可以对侦查人员违法行为提出控告的告知。

(11) 案件侦查终结的告知。

8.3.5 笔录制作的方式

(1) 顺序法:格式顺序、叙述顺序、时间顺序、性质顺序、轻重顺序。

(2) 核对法:核实要件情况、核实基本情况、核实告知情况、核实供述情况、核实其他情况。

(3) 挖掘法:抓住关键、明示政策、提出疑问、堵塞漏洞、出示证据。

(4) 暗示法:无语暗示、肢体暗示、语言暗示。

(5) 补充法:单一补充、专项补充、说明补充、完善补充。

8.3.6　笔录常见问题的注意

（1）单位名称必须齐全。

（2）笔录名称必须正确。

（3）起止时间必须注明。

（4）讯问次数必须反映。

（5）首问部分必须到位。

（6）场合地点必须具体。

（7）经历职务必须准确。

（8）讯问人员必须签名。

（9）单位名称必须齐全。

（10）笔录名称必须正确。

（11）起止时间必须注明。

（12）讯问次数必须反映。

（13）首问部分必须到位。

（14）场合地点必须具体。

（15）经历职务必须准确。

（16）讯问人员必须签名。

8.3.7　笔录无效和需要转换的情形

8.3.7.1　无效的笔录

（1）向证人取证未告知伪证责任而获取的证人证言。

（2）讯问犯罪嫌疑人未履行权利义务告知义务所获取的犯罪嫌疑人的供述。

（3）讯问没有阅读能力的犯罪嫌疑人，未向其宣读的犯罪嫌疑人笔录。

（4）侦查人员单独讯问所获取的言词证据，笔录没有侦查人员签名的言词证据。

（5）辨认前未告知辨认人有意作假应负的法律责任的辨认

笔录。

（6）未出示检察机关或公安机关证明文件所作的讯问犯罪嫌疑人的笔录。

（7）未经批准进行侦查实验所获得的证据。

（8）未经批准扣押的犯罪嫌疑人的邮件、电报。

（9）非女性工作人员或医生对妇女身体进行检查所形成的检查笔录及所获的实物证据。

（10）未持检察机关或公安机关的证明文件所作的勘验、检查笔录，勘验、检查笔录未经聘请的见证人或参加勘验、检查的人签名（盖章）的。

（11）没有鉴定人签名（盖章）及指定医院印章的鉴定结论。

（12）单位出具的合同、票据、收条、身份证、物品价格等证据未加盖印章或经手人签名的。

8.3.7.2　需要转换的笔录

（1）向证人取证未告知伪证责任而获取的证人证言。

（2）讯问犯罪嫌疑人未履行权利义务告知义务所获取的犯罪嫌疑人的供述。

（3）讯问没有阅读能力的犯罪嫌疑人，未向其宣读的犯罪嫌疑人笔录。

（4）侦查人员单独讯问所获取的言词证据，笔录没有侦查人员签名的言词证据。

（5）辨认前未告知辨认人有意作假应负的法律责任的辨认笔录。

（6）未出示检察机关或公安机关证明文件所作的讯问犯罪嫌疑人的笔录。

（7）未经批准进行侦查实验所获得的证据。

（8）未经批准扣押的犯罪嫌疑人的邮件、电报。

（9）非女性工作人员或医生对妇女身体进行检查所形成的检查笔录及所获的实物证据。

（10）未持检察机关或公安机关的证明文件所作的勘验、检查笔录，勘验、检查笔录未经聘请的见证人或参加勘验、检查的人签名（盖章）的。

（11）没有鉴定人签名（盖章）及指定医院印章的鉴定结论。

（12）单位出具的合同、票据、收条、身份证、物品价格等证据未加盖印章或经手人签名的。

复习与作业要求：掌握侦查笔录制作的方法

考核要点：掌握侦查笔录的制作要求

辅助教学活动：研究实践中的案例

第9章 职务犯罪侦查心理

教学目的和要求:要求学生掌握职务犯罪侦查心理

教学重点和难点:各种对象心理状况的表现

教学方法与手段:案例研究及作业

9.1 心理概述

9.1.1 心理概念

心理指的是感觉、知觉、记忆、思维、性格、能力等的总称,是客观事物在动物的头脑中的反映。动物的头脑是反映客观思维的器官,心理是脑的机能,它是在动物进化的一定阶段上,由于对周围环境的长期适应而产生的。客观思维作用于感觉器官,引起脑的活动,在无条件反射联系基础上,形成种种条件反射联系,成为心理的物质基础。最初出现的心理现象是简单的感觉。在外界环境的影响下,随着动物神经系统的发展,感觉逐渐分化和复杂化,并由此出现了知觉、记忆、思维的萌芽等。人的心理是心理发展的最高阶段,是在劳动和语言的影响下产生和发展起来的。它是人类社会实践的产物,和动物心理有质的区别,具有自觉的能动性。

9.1.2 心理学概念

心理学指的是研究心理规律的科学。心理规律指认识、情感、意志等心理过程和能力、性格等心理特性。心理学最初在哲学内部发展,到了19世纪中期,随着自然科学的进展和实验方法的采用,逐渐成为一门独立的科学。辩证唯物主义心理学肯定心理是客观现实在头脑中的反映。从头脑中的反映机制说,人是自然实体;从反映的现实内容说,人又是社会实体。因而有人认为人类心理学是既有自然科学性质,又有社会科学的性质的科学。心理学有许多分支,研究心理的一般形式和一般规律的叫普通心理学;研究心理的种系或个体上发生发展规律的,有比较心理学、儿童心理学、犯罪心理学等;研究不同社会实践领域内心理规律的,有教育心理学、艺术心理学、运动心理学、行为心理学、侦查心理学等。

9.1.3　检察心理学概念

检察心理学,顾名思义是研究与检察业务有关的特定人员心理规律的科学。它是由心理学、犯罪心理学、侦查心理学、讯问学派生出来的一个分支。其研究的主要内容是犯罪嫌疑人面临侦查活动所内在固有的或外在表现出来的认识、情感、意志等心理过程和能力、性格等心理特性。职务犯罪侦查是检察机关的行使的检察权中的一项重要的职能,是国家授予检察机关法律监督职能的一个重要组成部分。职务犯罪侦查的对象是具有特殊主体的公权力犯罪,这类对象通常均具有高智商、高学历、高技能,甚至高地位的特征。与他们较量是一种智能、谋略、勇气的过程,其中必然包含着占重要地位的侦查与反侦查双方的心理较量。由此可见,对不同的侦查对象在不同阶段、以不同手段、视不同结果(涉嫌犯罪的结果)等方面的不同的心理进行研究,以采取针对性的侦查行为、侦查(讯问)方法,具有非常重要的意义。

掌握检察侦查心理学是当前检察侦查工作的一个基本的要求,对其的开发、研究、培训已摆上了议事日程。就广义上而言,检察心理学还应该包括侦查主体的心理(又分决策指挥人员心理、侦查人员心理)、证人心理(又分普通证人心理、污点证人心理)、相关或从属人员心理(又分侦查人员家属心理、犯罪嫌疑人家属心理、案发单位负责人心理、与案件有关的律师心理等)。

当然,检察机关公诉、侦查监督、监所检察、民事行政检察等部门也均具有自己特定对象的心理研究的内容。检察心理学,特别是检察侦查心理学是一门新兴的学科,主要还是在心理学的基础上结合侦查实践进行研究,其研究的主体必然需要检察人员、检察机关侦查部门的人员为主。

9.1.4　侦查心理学概念

侦查心理学是具有侦查权的国家侦查机关在刑事案件的侦查过程中、在实施各种侦查行为的过程中、在接触各类有关人员特别是接触犯罪嫌疑人时,根据对方的心理活动的特征所开展、采取的具有针对性的侦查行为,从而突破案件的学科。其包括针对犯罪嫌疑人的心理状态采取的侦查行为(侦查行动),如:声东击西、欲擒故纵、引蛇出洞等,还有就是讯问活动过程。因而,侦查心理学的概念范围要比讯问心理学的概念范围要大,其包括侦查人员背对(秘密实施)犯罪嫌疑人实施侦查行为以获取证据和与犯罪嫌疑人面对面的较量,也就是通过讯问达到一定目的、征服犯罪嫌疑人的过程。

侦查心理学是在整个侦查过程中以犯罪嫌疑人心理为目标实施侦查行为为其重要内容与特征。所以,侦查心理学的范围比较大,其包含讯问心理学,又不能完全等同于讯问心理学。

侦查心理学是从心理学的角度,对被讯问人(含各类证人、知情人、被害人等)的心理活动或行为进行分析和研究,探索在侦查活动的过程中对象各种犯罪(包括各种掩盖犯罪)行为产生的心理依据和心理特征,使侦查人员能够掌握侦查过程中对象的各种心理及行为特征,并且发现和把握心理规律,由各种干扰案件顺利侦破的不利的因素转化为有利案件侦破的积极的因素。

侦查心理学是通过对犯罪嫌疑人(含案件特定关联人)心理活动状态,按照一定的心理活动规律进行研究,采取相应的侦查对策,进行以对象心理特征为支点的侦查,使犯罪嫌疑人的犯罪事实得以被揭露,同时促使犯罪嫌疑人选择、采取积极配合的态度,客观、真实地交代(提供)自己或者他人的犯罪事实。

侦查心理学是心理学的一个分支,是根据侦查活动的需要,在侦查实践中形成和发展起来的,它通过研究犯罪嫌疑人心理活动的特征,掌握犯罪嫌疑人心理活动的规律,达到最终征服犯罪嫌疑人的目的。从更广义的角度上来看,侦查心理学还应当包括侦查人员的心理活动及状态、与侦查活动有关的各类人员的心理活动及状态,并且对其进行研究、探索、归纳、总结和运用的内容。

9.1.5　讯问心理学概念

讯问心理学是从心理学的角度,在侦查讯问活动中对犯罪嫌疑人的行为进行分析和研究,探索其在讯问活动中各种行为产生的心理依据和心理特点,使从事侦查讯问工作的侦查人员能够及时掌握讯问活动中的各种行为特点和规律,转化不利的消极因素,变消极因素为积极因素。

从讯问心理学的概念来看,它是在讯问活动中,为了使犯罪嫌疑人如实交代自己的犯罪事实,对其心理的活动状态及其规律进行研究的科学。它的重点是以研究犯罪嫌疑人的心理规律为手段,以使犯罪嫌疑认罪伏法、如实交代自己的犯罪事实为目的的科学。大量的心理学研究成果已经为讯问心理学的研究打下了坚实的科学基础。

讯问心理学作为一门分支学科,虽然起步比较晚,但发展很快,它是在长期的刑事案件办案实践中形成和发展起来的。一大批从事侦查讯问工作的侦查人员,在自己长期的工作中积累了丰富的实践经验,为当前讯问心理的研究提供了可靠的依据。讯问活动与人的心理活动存在着密切的联系,这个规律告诉我们,讯问犯罪嫌疑人最重要的是研究犯罪嫌疑人的心理活动,只有掌握犯罪嫌疑人的心理活动规律,才能知道应该采取什么针对性的侦查措施、如何消除犯罪嫌疑人的消极心理,使其端正态度、积极配合,才能够完成我们的讯问任务。

9.2　犯罪心理

9.2.1　侥幸心理

侥幸心理是职务犯罪嫌疑人比较普遍的一种之所以故意犯罪的心理。其自以为能够避免犯罪事实的暴露、逃脱法律的追究,是其主观意识上存在的一种过于把握的心理定势;是犯罪嫌疑人对自己犯罪行为所产生的结果的一种过于自信的认识,其判断上具有博弈心态的心理状态。其主要特征为:

(1) 内在心理常常处于不稳定状态,比较理想主义者,虽然有的人确实能力较强,反应比较敏捷,但普遍存在自我评价或定位过高,具有所谓的"小聪明",如认为自己的犯罪手段高明,智能化含量高,别人难以发现的认识。

(2) 以自己的地位、经历、知识、经验、智慧等,盲目自信,轻视、蔑视司法机关的侦查能力,自以为侦查机关目前的能力无法发现自己的犯罪问题。

(3) 对自己处于优势的因素沾沾自喜,总以为自己比别人高明,自我感觉经常处于超前状态,认为社会上相同的问题很多,不相信就偏偏查到自己的头上。

(4) 长期的特殊地位和环境造成自己脱离现实、脱离实际,一知半解,盲目自信以为自己熟悉相关法律、了解司法机关的办案的"套路",坚信自己有足够的能力能够应付过去。

(5) 自己在犯罪的过程中做了充分的"防范"考虑,订立了攻守同盟,处理了有关凭证,自信"天衣无缝",已经没有可以被发现和查获的证据。

如:曾任上海某集团董事长、党委书记的王某某,长期在国企担任重要领导职务,自我感觉良好,自恃在企业内是"说了算"、"一言九鼎"的人物,在各种场合经常训斥下属,在台上又经常唱高调,在调任电气集团任主要领导后,认为原市委主要领导对自己的能力十分认可,格外信任,自己的地位十分牢固,没有人对其能够说三道四,更不相信有人能够对其持怀疑态度,便更是忘乎所以起来,结果在所属企业改制、转让之际,竟然肆无忌惮地勾结他人一次共同贪污国有资产 3 个亿,最终被判处死刑,缓期 2 年执行。具有讽刺意味的是,在其案发前不久,他还在全市党风廉政建设干部大会上发言,句句慷慨激昂、掷地有声,真不知天下有"羞耻"二字。侥幸心理是其灭亡的重要原因。

9.2.2　自负心理

自负心理是犯罪嫌疑人对自己实际上严重脱离实际的行为过于高估,是其坚信自己犯罪的行为绝对不会被发现的一种心理定势;是犯罪嫌疑人对自己本身能量定位的一种错误判断的心理状态,目空一切,自以为是,且日趋严重、无以复加。其主要特征为:

(1) 心理一般情况下处于比较稳定的状态,自负、高傲,比较容易出现轻视对方的心理活动,以为自己权重位高、手法高明、声名显赫,高度自信自己的问题不可能引起有关部门怀疑,也有的属于法律上的无知,盲目自信,可谓"无知者无畏"。

(2) 自以为地位稳固,所掌握、控制的权利可以左右局面,足以逢凶化吉,实际上自以为是、忘乎所以,比较盲目、冲动、粗糙,暴露漏洞、缺陷的几率大。

(3) 自己以拥有过硬、到位的关系网或者背景后台,甚至勾结有比自己地位更高的人一起犯罪,自信自己的安全系数及具有被人保护的优势。

(4) 自己以一定的特长、优势自居,"不同凡响"、高人一等,坚信自己具有相应的法律知识或者一定的司法经历和经验,有充分辩解、解脱的理由。

（5）自己经过长期的"苦心经营"、"广交朋友"，在政府机构、司法机关、侦查机关有"关系"、"内线"，具有及时庇护保护、掌握动向、控制局面的主动权。

如：曾任某法院院长的贾某，二十多年中先后在检察机关、公安机关、国家安全机关、政法委等司法机关、司法领导机构担任主要领导职务，不但熟悉了解法律和司法机关的工作流程，而且还熟悉了解不同司法机关的工作流程和具有广泛的人际关系，他对惩治各类犯罪具有十分丰富的经验。然而，就是因为他具有这些特定的经历、经验和人脉背景，所以其对自己利用职务之便大肆犯罪就无所顾忌了，他的这种自信是导致其最终走向灭亡的主要原因，最终贾某被判处无期徒刑。

9.2.3　从众心理

从众心理是犯罪嫌疑人对自己犯罪行为的一种错误的判断，不明是非的特征突出，以为大家都在做的肯定是正确的，自己只是随大流的一种心理定势；是犯罪嫌疑人对自己的犯罪行为处于盲目、无知的一种心理状态。其主要特征为：

（1）心理活动比较犹疑，自信心明显不足，主观意识不坚定，意志脆弱，性格柔顺，易接受外界的影响和干扰，一般情况下与人相处的容纳性比较好。

（2）抗拒能力比较差，易于推卸责任，思想情绪容易大起大落。如案发前自以为：不是自己带的头，有问题也牵连不到自己头上，案发后便后悔莫及，急于解脱，一般情况下思想转变快，认罪态度比较好。

（3）其作案的认识基础自以为是，意识不到问题的实质"似是而非"，自认安全，自我安慰：大家都在这么做，不会有危险，"法不责众"，不可能处理大多数人吧。

（4）在面临刑事责任追究时，比较易出现自我减轻压力的自欺心理：比自己地位高、权利大的人也是这么做的，自己仅仅是

"看人学样",自恃所谓的自我安慰的心理。

(5)其对付刑事追究的态度,一般在开始阶段有:"万一发生问题我来个死不承认,别人对我没办法"的幻想;而一旦幻想破灭,其思想情绪易一落千丈,因此态度转变也比较快。

如:国家央行直管的"外汇调剂中心"有各大金融机构长期派驻的外汇交易员共数十人,1993年,国家对外汇体制进行改革,在特定的一段时期里对外汇交易的价格实行"双规制"。开始阶段,个别交易员试探着利用职权在外汇交易过程中捞取"差价",发了点小财,因为没有引起管理部门的重视,没有被查处和禁止,结果开始认为这样做"不正常"或"不规范"、"吃不准"的交易员纷纷看人学样起来,有的还担心动作慢了会吃亏,结果当时总共有70个交易员的队伍中,竟然有64个涉嫌犯罪,受到了检察机关的查处。值得引起注意的是,这些外汇交易员都是各大金融机构的重要骨干,熟悉金融外汇业务,懂电脑、会外语、能交际,但是,由于对法律的无知,从众心理作祟,人云亦云、人为亦为,结果出现了触犯法律、成为刑事犯罪分子的悲痛结果。

9.2.4　吃亏心理

吃亏心理是犯罪嫌疑人对自己期望的利益、得益没有实现的一种心理失衡的认识定位,始终感到社会、单位、组织亏待了自己;是一种失落、不如愿、被压抑的心理定势;是犯罪嫌疑人狭隘、忧郁、计较的一种心理状态。其主要特征为:

(1)心理意识比较狭隘,目光短浅,比较计较个人的利益,性格内敛,习惯注意细小的问题,容易钻牛角尖;自我感觉良好却总感觉到自己得不到信任和重视、处处被轻视。

(2)自我定位出现偏差,期望值及目标距离的不可及,自己感到对单位、对组织贡献很大而单位、组织亏待自己,由此出现心理极不平衡的状态。

(3)缺乏认识世界的客观性、辩证性、准确性,对比的标准或参照物往往是以自己的想象来进行设定,内心深处存在极端的私利,处处感到自己的利益受到侵害。

(4)是"怀才不遇"、"孤独伤感"的心理在作祟,一种思想的失落、失意、失宠,心理上长期处于郁闷、不得志、不舒畅、不顺心而长期处于怨恨并且不断累积的结果。

(5)逐步积累、积聚、增强的、由弱而强、不断升涨的"堤内损失堤外补"的自我补偿的心理在作祟,通过犯罪来满足自己的欲望,实现"失落"环境和状态的自我解脱。

如:某房地局财务人员张某,认为自己辛辛苦苦,埋头苦干,但待遇、收入却比别人少,心里一直不甘、不满。一次他去银行取回单位发工资的款项43万元,突然邪念滋生,"平时吃亏,我把这些钱全部发给自己不就不吃亏了吗?"于是他把钱款全部装进"考克箱"离开单位做"发财梦"去了。几天以后,他被检察机关从外地抓回,最终被判处死刑,他的发财梦和他自己都烟消云散了。

9.2.5 居功心理

居功心理是犯罪嫌疑人自以为"劳苦功高"、功劳显赫、成绩显著,居功自傲,凭自己的地位、影响、能力能够规避犯罪事实的暴露、逃脱法律的追究,其主观意识上存在的一种过于把握的心理定势;是犯罪嫌疑人对自己犯罪行为结果不屑一顾的一种认识、判断的心理状态。其主要特征为:

(1)心理长期被一种优越感浸润,处于自负、张扬、狂妄的状态,也具有热情、仗义、能解决问题的特点,个体本身具有一定的优势,自我感觉良好。

(2)通常这类人的管理能力比较强,仕途发展比较顺利,曲折比较少,但在赞扬、奉承的环境中渐渐出现了自我认识的偏差,不能对自己进行准确的定位。

(3)观察或处理问题的角度和表现习惯于居高临下、一言九鼎,看不起别人,听不进他人的意见,总是感到自己一贯是正确的,是"救世主",缺少了自己地球就不转了。

(4) 内心深处具有严重的功名意识,追名逐利、独断专行、搞"一言堂"、"老子天下第一",时时处处以"功臣"、"英雄"、"名人"自居,不可一世。

(5) 性格张扬、脾气暴躁,"夜郎自大"而难以容人,受不得批评委屈,把自己的成绩、功劳始终挂在嘴上,时时处处不忘对自己"评功摆好",看不到自己的弱点和缺陷。

如:时任某大型集团董事长的褚某某、某大型钢铁集团董事长张某某等一批企业的领军人物,都曾经是企业改革、发展的功臣,随着地位的不断提升、荣誉的不断增加,他们便渐渐居功自傲,脾气日涨、独断专行、我行我素,无视党组织的监督、法规法律的监督,甚至凌驾于组织和法律之上,结果他们都因为职务犯罪而身败名裂,成为人民的罪人。

9.2.6　愉悦心理

愉悦心理是犯罪嫌疑人以占有他人的利益为快事,意识上存在的一种贪婪的心理定势;是犯罪嫌疑人刻意追求的一种犯罪行为结果以满足自己欲望的心理状态。其主要特征为:

(1) 心理意识处于一种贪婪、阴暗、冷漠、极度私利的不健康、不正常的状态,以损人利己、损公肥私为快,且有不断发展之惯性,只要能够满足个人的愉悦感,不管自己需要不需要,有机会就一定要占有。

(2) 贪婪的欲望占据心理定势的主导地位,其贪婪的目的不完全是为了享受,而更是出于一种心理上的满足,只要具有机会,就千方百计予以占有。

(3) 这类人员其的占有不是主要目的,而是产生了享受过程的畸形心理,每一次占有就产生一种愉快的心理满足,是典型的把自己的快乐建立在损害他人利益的基础上。

(4) 如果没有实现预定占有的目标,或者某次占有没有如愿以偿,其心理就产生一种坐卧不安、焦虑烦躁、不近人情的情绪,具有严重的失落感。

(5)这类人员的心理状态一般均比较阴暗、吝啬,经常表现出吃得简单、穿着朴素,但在无人状态的情景下,对自己不断敛取的不法财产有一种自我陶醉的感觉。

如:某市渔政管理站分站长李某某的敛财"门路"就是"靠水吃水"。每年的蟹季,李某某便开始一一登船"造访"养殖户,谎称要给上级领导"意思意思",临走时必定要拎走三五斤上等蟹。其实,他索取的这些蟹根本没有去"意思",而转身上农贸市场变成了现钱,这样其每年有几万元的"横财"成了其银行存折上的阿拉伯数字。李某某平时并不奢侈、张扬,了解他的人甚至说他是"某种程度上很像'葛朗台'"。李某某平日里生活十分简朴,早晨一碗泡饭加一点咸菜,一年四季长穿制服,从来不乱花滥用,亲戚向他借几万元钱买房子,晚了一些时间还,他三天两头盯在屁股后面讨。案发后发现,李某某费尽心思敛得的 300 余万元,一分钱都没有花,他交代"不是不会花,而是实在舍不得花,自己没有什么嗜好,最大的乐趣就是没事翻存折,看着存折上不断递增的阿拉伯数字而心情无比的愉悦"。

上海某食品生产销售企业总经理蔡某,每天总要借"视察"店堂的机会趁人不备在收款箱里捞取营业款归自己所有,案发后她交代,如果哪天没有实现"捞钱"的目的,她这一天就十分不舒服,一旦完成了既定的"目标",她心情就会"无比愉悦"。

9.2.7 弥补心理

弥补心理是犯罪嫌疑人在无可奈何的情况下,以"犒劳"自己的方法满足自己欲望的一种心理定势。是犯罪嫌疑人自以为获取自己应该获得的利益而刻意追求犯罪结果的一种心理状态。其主要特征为:

(1)心理通常处于比较稳定的状态,性格固执,倔强,闭塞,不易沟通,不轻易接受外部的信息,非常容易诱发诸如"自己付出的多,得到的少"的冤屈心理,刻意对自己进行"弥补",其心理常常处于极不平衡的非正常的稳定状态。

（2）自我认为在正当的、公开的途径情况下无法实现自己向往的目标,一般又不善于与他人交流,没有知心朋友,常常表现出对现状的不满。

（3）确实具有一定的埋头苦干的表现,有特定付出的具体情况,但面临各种自以为的"不公"现象具有强烈的不甘心的"吃亏"的心理,而又对此耿耿于怀,长期处心积虑。

（4）在反复权衡和思想斗争的情况下,下定决心采用不法的手段进行自我弥补,但一般控制在一定的限度内,仅"补偿"自己认为吃亏的部分。

（5）第一次得手以后,非常容易习惯成自然,在以后一些特定的情况下,也绝不放弃一切可以对自己进行"补偿"、"弥补"的机会,且一发不可收。

如:某研究所负责人秦某,是单位的业务骨干,为单位的发展具有举足轻重的地位,但是,按照院里的规定其作为部门的"一把手"是享受院领导一级的奖金方案,那一年其院一级领导的奖金额度是人均 3 万元,而其所在的研究所的奖金是人均 20 万元,巨大的差距导致了其心理的极不平衡,于是在副所长的帮助下,两人伪造了有关凭证,从所里的小金库取出 20 万元奖励了自己,以进行所谓的"弥补",其一个特点是绝不多拿,就取自己认为需要弥补的部分,结果受到有关部门的查处。

9.2.8　情面心理

情面心理是犯罪嫌疑人碍于上司、恩人、朋友等的势力、亲情、友情等的压力,放弃对自己的约束,而相对被迫实施犯罪的一种被动犯罪的心理定势;是犯罪嫌疑人对自己犯罪行为所产生的结果的一种无奈、放任、顺从和就势的心理状态。其主要特征为:

(1) 心理比较活跃,但不够稳定,工作比较认真,但讲朋友义气。容易受到或者接受外界因素的干扰、影响,性格上具有善良、讲义气、易产生同情心的特征,犯罪的动因来源于服从或报答与自己有利害关系的特定人。

(2) 一般情况下这类人员事先明确知道自己这种行为的违法性,但碍于情面、迫于压力,更加注重的是现实,期望对于今后自己的益处,不得不为之,一旦案发交代得比较快。

(3) 这类人员在实施犯罪行为时,一般有过思想斗争、动摇犹豫,但经不起各种诱惑及压力的不断增加,最终还是以个人利益为出发点,以放弃原则为代价。

(4) 由于地位、环境、期望值等因素的影响或驱使,服从、报恩、搞好关系的想法占据自己思想的主导地位,一般情况下不太追求自己得益的最大化。

(5) 在左右为难、举棋不定的情况下,经外界的一些特定因素的影响,易滋生过于自信、下不为例、仅此一次的侥幸、自我安慰的心理。

如:某县公安局教导员曹某,经不住市公安局治安大队某支队长陈某索要炸药"为老领导造房子炸石头用"的再三要求,明知这是违法行为,也曾经故意拖着不办,但最终出于与上级机关有关人员搞好关系的心理,违反规定从煤矿搞了一公斤炸药给了陈某,结果陈某用炸药为时任人大常委会主任的姑父段某某炸死了段的情人柳某某,段某某雇凶杀人、陈某故意杀人分别被判处死刑。曹某仅仅是出于"义气"、"搞好关系"却成为酿成恶性事件的"导火索",结果被法院以"运输爆炸物品罪"判处有期徒刑 12 年,为此付出了沉重的代价。

再如:上海某国有企业党委书记、年过半百的厅局级干部叶某,平时尚能够把握自己,没有任何不良的经历,但是当企业有一笔逾百万的"小金库"资金需要清理时,有班子领导成员提出,将"小金库"的钱以"住房补贴费"的名义在领导班子中私分,她考虑到班子其他成员"一致同意"的意见和碍于情面,也予以了默许,并且也分得 35 万元。纸终究包不住火,不久被举报而案发,结果班子成员均被法院依法判刑,她也被判处有期徒刑 10 年。

9.2.9 亲情心理

亲情心理是犯罪嫌疑人过于迁就家属、同胞、密友的要求,为达到亲情的满足和维护亲情关系的需要,主观意识上存在的一种铤而走险的心理定势;是犯罪嫌疑人对自己犯罪行为所产生的结果的一种博弈的心理状态。其主要特征为:

(1) 具有内外明显的两面性,可能工作上通常很有成绩,家庭观念比较强,但内在贪婪欲望也比较强烈,性格既有优柔寡断、患得患失的一面,也有敢于冒险、不顾一切的一面,犯罪的动因常常来源于亲情关系人的不断诱导、灌输和压力。

(2) 长期存在有对不起亲情关系人的内疚、愧疚感,其中有的是家庭成员不断给予的压力(如埋怨收入少、待遇差、没有外快等等),有予以报答、满足以减少家庭压力的迁就意识。

(3) 一般情况下这类人员的心理深处还是具有一定的是非观念,常常在实施犯罪后自己的罪恶感、后悔感越来越强烈,有难以自拔、无法脱身的压力。

(4) 看到亲情关系等特定关系人的满足或者"幸福"的情景,心里能够得到一定的安慰、具有成功感,但冷静下来往往感到后怕、担心这种"满足"和"幸福"的短暂性。

(5) 在外界特定的情况下(如被举报、被怀疑、被组织调查),这类人员容易如"惊弓之鸟",始终处在矛盾、斗争、焦虑、后怕的心理状态之中。

如:某副区长祝某,中年丧妻后顺理成章地与曾经瞒着生病妻子找的情妇结婚,因为这个昔日情妇、如今的妻子是为了嫁给已经当上副区长的祝某而与丈夫离婚的,别夫离子,净身出户,付出了一定的代价。祝某经不住这个新妻子难以满足的欲望和喋喋不休的要挟,在"亲情"的压力下,为了弥补年轻貌美新婚妻子的"损失",以讨取美人的欢心,结果在重新结婚后不长的一段时期内,利用职权大肆进行权钱交易,采取各种手法收受贿赂,不久便案发,被法院依法判处有期徒刑 15 年。

9.2.10　仿效心理

仿效心理是犯罪嫌疑人一般没有明确的是非观念,自以为对现实社会了解透彻,但实际则不然,习惯于看人学样,主观意识上存在的一种个人利益上既不甘吃亏又不甘反抗的心理定势;是犯罪嫌疑人对自己犯罪行为所产生结果处于一种无知、自以为是的心理状态。其主要特征为:

(1) 心理活动的可塑性比较明显,通常宏观认识能力比较弱,微观意识比较强,主导、创新能力不很突出,观察、联想的能力比较强,性格上缺乏独立性和主动性,如新进单位或新任职不久,有急于模仿他人实现个人利益的强烈欲望。

(2) 这类人员通常心气很高、能力一般,创新、独立不足,依赖、仿效有余,平时表现平庸、不突出,个性不强,一般处于群体的中游状态。

(3) 通常是一些缺乏主见、没有社会生活经验的人员,而以涉世不深的年轻人员为多,这些人一般尚没有形成在复杂的环境中独立思考、明辨是非的能力。

(4) 其中有一些人是"前途无望,看破红尘",自以为见多识广对社会看透了,具有玩世不恭的心态,刻意一门心思为个人谋取不法利益而不考虑后果。

(5) 这类情况比较容易出现在一些风气不正、管理不严、"上梁不正下梁歪"的环境里,其中的某些意志薄弱者容易受到各种不良行为的影响,抵御能力较弱而陷入泥坑。

如:某公安局交通警察支队余某,由空军飞行员转业到地方,其脱离了部队飞行员严格的纪律约束,又开始在交通警察部门负

责办理、审核证照的岗位上行使职权,感到这是一个"朝南座"、
"有油水"的肥缺,当时执法机关个别人员的一些不正之风又使其
以为大家都在"靠山吃山","不捞白不捞",于是其在办证过程中
大肆收受贿赂,最终被举报,经反贪局侦查查明全部犯罪事实,后
被法院依法判处有期徒刑 8 年。

9.2.11　畏惧心理

畏惧心理是犯罪嫌疑人迫于某种势力的胁迫和压力,不得已
实施犯罪的一种过于被动的心理定势;是犯罪嫌疑人对自己犯罪
行为所产生的结果的一种畏惧、担心、害怕的心理状态。其主要
特征为:

(1) 这类人员的心理一般处于孤独、沉闷、畏惧的状态,不善
于交流或出头露面,具有胆小怕事、不善于独立解决问题的性格
特征,但一旦形成某种压力,其比较容易顺从。

(2) 其内心的深处具有贪婪的内在心理向往,且无法进行自
我纠正和约束,容易被人"牵着鼻子走",往往是职务犯罪案件中
的共同犯罪人、从属人。

(3) 在特定的情况下,躲避矛盾,逆来顺受,没有自我解脱、自
我完善的意识和能力,如一旦已有把柄被他人抓住,便处于无所
适从、进退两难、俯首称臣的心理。

(4) 有的是出于个人、家庭和社会的种种原因,如被诱惑进入
了犯罪团伙;无意中参与了第一次作案;个人或家庭迫于某种势
力不得已而为之。

(5) 这类人员一般长期处在压力下生活,心情郁闷,难以自拔
和解脱,其积极、主动、主导作案的可能性比较小,甚至有辞职、调
离和躲避的冲动,主要是思路狭窄、压力深重、缺乏自信。

如:某行政单位会计郭某,在与一业务单位私营企业主王某
交往过程中,经不住诱惑,内外勾结侵吞公款 2 万元,事后郭某感
到害怕,想洗手不干,不料王某借机要挟,称如果不再联手干,就

去举报。郭某顾及刚刚建立的家庭,害怕被举报而吃官司,只得迁就王某的威胁和要挟,一次又一次作案,而且大部分赃款均被王某扣押挥霍。到案发时,他们侵吞的公款数额已经达到了"特别巨大"。结果郭某因利用职权贪污、王某因胁迫他人犯罪均被判处死刑。

再如:重庆市某副局长梁某某受贿金额高达 1 589 万元,在这个人人视为"肥缺"的位子上,他天天担惊受怕,多次酝酿调离这个"早晚要出事"的岗位。最终到了重庆某公司担任了董事长,期望能够远离是非、逃离组织的视线,他在忏悔书里说:"有人劝我留在规划局,不要脱离为官的主战场。实际上,我心里非常惧怕留在那个岗位上。我清楚按那种搞法早晚会出事。"2008 年年底,梁某某被判处死刑,缓期 2 年执行。

9.2.12　豪夺心理

豪夺心理是犯罪嫌疑人错误估计形势,抓住一切机会急剧敛财,主观意识上存在的一种"人不为己、天诛地灭"的心理定势;是犯罪嫌疑人对自己犯罪行为所产生的结果刻意追求、不计后果的一种心理状态。其主要特征为:

(1)心理表现表面上比较明朗,比较容易相处,实际上内心比较阴暗,具有十分贪婪的劣根性;出身通常比较贫苦,升官比较快,常常处于渴望"出人头地"的状态,性格比较张扬,具有相当的能力,内心深处认为当今社会是发财的大好机会,迫不及待想发财。

(2)担心自己的任职年限、年龄等各种因素会很快改变或限制自己的权力,考虑自己的后路比较多,怕夜长梦多、权力过期作废迫不及待再"捞一把",这类人员一般具有作案的先例。

(3)在面临企业大规模"关、停、并、转"的时候,自以为"时不我待"、"机会来了",自信自己手中的权力足以实现自己敛财的目标,这类人员通常是具有企业"生杀大权"的一把手。

（4）对社会心存不满的情绪高涨,对自己的前途失去了信心,已经为自己设计好了退路(如出国定居、潜逃境外等,特别是已经将家人移居国外),因此犯案不计后果。

（5）敛财没有特定的、既定的、预设或满足的目标,均为贪得无厌,不但来者不拒,而且巧取豪夺、多多益善,通常情况下,作案积极、主动、极力为之,刻意追求。

如:先后曾任国务院某局副局长和某省级高官的胡某某,出身十分贫寒,他通过跑官买官达到了一定的地位,在官场上混迹多年,思想上认为"共产党早晚要垮台",于是其暗中为自己和全家成员用假名字办理了几套护照,同时利用一切机会大肆敛财,一度达到了每天敛财 5 千至上万元的程度,准备一旦有风吹草动便远走高飞,结果其成为新中国成立以来被处决的第一个在位的省部级高级领导干部。

在位高权重的贪官中,存在豪夺心理的大有人在,他们均有丰厚的物质条件,绝对不存在居无所、食无肉、行无车的情况,他们的亲属几乎都有稳定的工作和很高的收入,他们的经济实力几乎几辈子都可高枕无忧,可是,他们仍然肆无忌惮地、不择手段地利用一切机会敛取钱财,只有一种解释,那就是他们内心深处的豪夺心理在作祟。

9.2.13　机遇心理

机遇心理是犯罪嫌疑人在特定的机遇面前,临时起意,产生犯罪的动机,主观意识上存在的一种天赐良机、下不为例的心理定势;是犯罪嫌疑人对自己犯罪行为所产生结果的一种默认、自我安慰的心理状态。其主要特征为:

（1）心理活动通常处于谨慎、规矩、平稳的状态,性格特征表现为与世无争,独往独来,不喜欢出人头地,相当一些人具有明显的沉默寡言的外在表现,犯罪处于一种被动的心理状态。

（2）这类人员一般情况下表现不突出,平时不引人瞩目,往往地位不高、权力有限,其犯罪的内在动因的诱发一般是遇到了特定的机会,以"临时起意"为多见。

(3) 在机会面前忘乎所以,不会冷静思考,反而急于求成,一般会产生"天赐良机"的冲动感,以为利用这种机遇作案天衣无缝、难以暴露,行为上"速战速决"。

(4) 因为其作案的基本条件是利用管理上的"漏洞",所以一般情况下,其会利用一些貌似"规范"、"合法"的手法进行掩盖,对犯罪过程会周密考虑,以堵塞漏洞、蒙混过关。

(5) 因为这类情况是一种没有事先预谋、预料的"偶然性"机会,作案人常常以"下不为例"来进行自我安慰,其作案时的顾虑比较少,根本不会考虑后果。

如:上海某食品生产企业一仓库管理员邵某,在食品罐头仓库的货物盘点过程中发现有溢数的罐头数十箱,邵某在经过激烈的思想斗争后认为,这是一个千载难逢的极好机会,这批货物账目上没有记载,自己把它弄出去卖掉神不知鬼不觉,于是利用发货的机会串通外地来提货的业务员把这批罐头食品运了出去并且卖掉,所得赃款进行了私分。结果该仓库管理员因为监守自盗被法院以贪污罪判处有期徒刑 5 年。

再如:某远洋运输公司财务部正副经理,面对领导将一笔资金 100 万美元让财务部门专项保管,两人以为机会难得,可以利用时间差来为个人发一笔财,于是将这 100 万美元打入外汇期货市场,期望炒外汇期货来发财,结果输得精光,100 万美元荡然无存,两人分别被判死缓和无期徒刑。

9.2.14　炫耀心理

炫耀心理是犯罪嫌疑人时时刻意抬高自己的地位、能量或身价,自以为自己本事大,超凡脱俗,手段高明,追求高档,敢作敢为,能够规避犯罪事实的暴露、逃脱法律的追究的主观意识的心理定势;是犯罪嫌疑人对自己犯罪行为所产生的结果的一种公开张扬的心理状态。其主要特征为：

（1）心理活跃，性格外向，头脑简单，虚荣心强，且不甘寂寞，喜欢结交"小圈子"，通常这类犯罪嫌疑人的个人综合素质较差、文化程度较低。

（2）犯罪嫌疑人接触的圈子成员多为虚荣心强、品质不良、追名逐利，甚至是一些玩世不恭、倒行逆施的社会渣滓，相互之间比派头、比财富、比挥霍。

（3）也有一些是具有特定的地位和权力者，在官场上不可一世、无所顾忌，常常以自我炫耀的方式抬高自己在特定范围内的地位，其表现通常是戴名表、穿名牌、抽名烟。

（4）这类人员思想上信奉"人不为己、天诛地灭"的信条，极端的个人利己主义者，对实施犯罪而获取的利益结果具有刻意追求的内在动力。

（5）常常处在入不敷出、急于敛财的状态，喜欢包养情妇、出入高档娱乐场所等，处在一种醉生梦死的状态，具有外强中干、不讲身份的心理定势。

如：上海某高级宾馆财务人员陈某，从专业学校毕业不到一年，他的同学几乎都被分配在高级宾馆，大家在一起聚会都喜欢讲排场、甩派头。陈某为了显示自己的阔绰，在炫耀心理的鼓动下，不断购买顶级的进口品牌衣物、手表、运动鞋，邀请同学出入高档娱乐场所，一个刚刚工作的员工很快就入不敷出，于是在财务账目上做手脚，结果工作仅仅 10 个月的陈某因为贪污罪被判处有期徒刑 10 年。

再如：重庆市某征地办工作人员丁某受贿 160 余万元，检察机关在其家中搜查出 200 多双名贵皮鞋，100 多件国际大牌服饰，还有上百个紫砂壶。可悲的是检察官在看守所提审丁某时，其还持有不断炫耀的惯性："1 千元以下的鞋我认为是垃圾，看都懒得看"；"我的西装没有 1 万元以下的"；"我喜欢的是意大利牌子，像几千块的金利来、堡尼这些，我是不会去看的，最贵的一套是卡沃奇的,4万多元,穿这个东西,我很讲究的,衬衫领带的搭配,穿这些名牌我自己都感觉一身轻松,工作起来办事效率都要高些!"丁某还"开导"检察官:"你是女的,穿的皮鞋都没我的尖,皮鞋要经常保养,买支几百元的滋润霜擦下嘛。"检察官:"你的名牌货是在哪里买的?"丁某:"我基本上不在重庆买,都是托人,一些特别的款式我会直接上大牌的官网订购,绝对不是有些人穿的那些 A 货。"检察官:"你现在后悔吗?"丁某:"后悔也没有用了,其实我很享受穿名牌的过程。"

9.2.15　妄为心理

妄为心理是犯罪嫌疑人无视党纪国法,胆大妄为而大肆进行犯罪,主观意识上存在的一种不计后果的心理定势;是犯罪嫌疑人对法律、对组织的一种的挑衅、较量的心理状态。其主要特征为:

(1)心理处于不成熟、不稳定、不理智的状态,性格一般是比较内向、自闭、固执,不容易沟通,不合群,此类人员通常年龄比较轻,涉世不深,手段方法比较简单,对犯罪不进行周密的考虑,一味追求犯罪后的得益和成果。

(2)作案手法一般不够老练、行为粗犷,典型的"胆大妄为、不计后果"而趋于简单、鲁莽的方式,一个人单独作案的情况比较多见,容易留下较多的痕迹。

(3)这类人员往往与单位、组织或特定的人员存在矛盾,或"身在曹营心在汉",一般先准备了后路,如将老婆孩子移民到境外、国外,将财产转移到境外、国外,一旦出现风吹草动立即远走高飞。

(4)生活中通常盲目追求高档,包养情妇,入不敷出,消费明显超出正常的范围;有的人行为诡秘,私情隐瞒家人,一旦情况不妙便弃家不顾,携情妇双双出逃。

(5)其中也有一些中年的公权力执掌者,虽然对经营管理有一定的经验,但平时对法律处于不屑一顾或者明显处于无知的状态,在前途无望或面临矛盾、压力、无助的情况下易选择此极端的方法。

如:某大型国有企业总经理余某,在任职期间不断骗取各种荣誉,特定的荣誉地位使其长期脱离监督,无法无天、独断专行。企业调整过程中,秘密将国有资产 5 千余万元转移至太平洋的一个岛国上,然后金蝉脱壳、远走高飞,结果造成该大型国有企业到了破产的境地。

还如:某国有企业总经理陆某,一年前先期将老婆孩子移民至加拿大,然后在其认为一切安排妥当后,便突然携国有企业公款 1 亿 3 千万元畏罪潜逃,待企业发现总经理找不到后,再向上级部门报告,结果陆某已经出境一个多月了。

再如:福建省某地公安局局长王某,利用职权大肆贪污受贿,在引起了群众的举报和组织的调查后,便带巨额赃款、携同是警察的情妇潜逃至国外,后来在美国被曾经是其同乡的黑社会分子勒索和敲诈,结果情妇也离其而去,王某终日提心吊胆、郁郁寡欢,最终身患重病落了个客死他乡的可悲下场。

9.2.16　救急心理

救急心理是犯罪嫌疑人在个人突发事件面前束手无策,无奈、无助情况下取不惜以身试法的下策,主观意识上存在的一种无可奈何心理定势;是犯罪嫌疑人对自己犯罪行为所产生的结果表现出一种“顾不上”的心理状态。其主要特征为:

(1) 心理长期处于孤独、压抑、保守、无助的状态,文化程度比较低,独立性、主见性比较差,生活圈子的范围比较窄,性格比较内向,不善于交流。

(2) 通常面临突如其来的突发事件,而这些突发的或意外的事件造成的困难难以承受,无法应对,自感有大山压顶、走投无路的巨大压力。

（3）对法律规范处在无知或不了解的状态,甚至出现"宁可牺牲自己来换取挽回困境"的愚昧念头,存在"急病乱投医"的心理冲动,对犯罪结果处于盲目无知或"不在乎"的状态。

（4）在长期的日常生活中没有不良记录,平时或者在正常状态下一般可以表现出的给人的感觉是循规蹈矩,安分守己,这类人的犯罪往往出乎人的意料。

（5）其中的相当一部分人是处在单亲家庭或家庭关系长期不和睦的状况下、得不到关心和温暖,没有释放压力的渠道,又不善于沟通,严重的具有自闭的倾向。

如:某国有企业财务人员中年妇女黄某,平时工作还是认真负责、仔细踏实的,但比较内向,不善于沟通交流。家里在农村的老人长期患病几乎用完了全部的积蓄,不料其儿子突然患急病急需30万元抢救,强大的压力之下她动起了保险箱里公款的念头,结果以伪造凭证侵吞了30万元公款,构成贪污罪。

9.2.17 自欺心理

自欺心理是犯罪嫌疑人明确知道法律的禁止性规定和政策界限,刻意将自己的行为控制在自认为"安全系数比较高"的一定范围内,其主观意识上存在的是一种企图既能获取个人的不法利益,又能逃避法律的追究,自以为"高明"、"得意"又具有胆怯、担心的心理定势;是犯罪嫌疑人对自己犯罪行为及其结果的一种自欺欺人的心理状态。其主要特征为:

（1）心理意识具有内向的倾向,头脑比较复杂、呈现多虑的状态,思考问题比较全面和充分,思路狭窄,心理阴暗,性格上具有稳定的心理特征,常常表现为对外界的观点或意见持不置可否状。

（2）这类人员表面上比较正经,一般表现出来的是工作认真、作风朴实,工作、生活具有一定的规律性,一丝不苟,按部就班,对属下比较严格。

（3）平时神情严肃，小心谨慎、不苟言笑，不轻易发表个人的意见和见解，不轻易暴露自己的心理轨迹，观察问题比较细致，常常出现犹豫不决、出尔反尔的表现。

（4）交际的圈子范围不大，能够交往的人都是经过精心选择、反复甄别、自以为是"牢靠"的对象，而且这些关系隐藏得比较深，旁人一般难以察觉。

（5）在特定的公开场合表现出非常"正宗"的状态，经常有拒绝巨额贿赂、上缴礼金、礼品的"廉政"之举，"廉政建设"经常挂在嘴上，处理属下的违纪非常严格。

如：重庆市某集团董事长王某，受贿 163 万元，被法院判处有期徒刑 12 年，并处没收财产 10 万元，判决已经生效。王某受贿的特点，是大额的贿赂坚决不收。给自己定了一个规定，对不熟悉的人、不可靠的人、不稳定的人坚决不应酬、不收礼；对价值不大的礼金、礼品坚决退回或上交；特别是对关系再好人，超过 10 万元的贿赂坚决不收，王某在交代中写道："我觉得自己没有主动伸手向他们要，我给你帮了忙，你也受了益，只要人可靠、熟悉，又是自愿，一两万也就收了……自认为保持廉洁的规定年年出，可违纪违法案件年年有，被查处的人那是运气不好，而自己只要不过分、不张扬就没有问题，完全把党纪国法置于脑后，逐步走向了腐败的深渊。"

9.2.18 误认心理

误认心理是犯罪嫌疑人自以为自己的犯罪行为是合法的，主观意识上存在的一种自以为是正常行为的心理定势；是犯罪嫌疑人对自己犯罪行为及其结果的一种错误判断的心理状态。其主要特征为：

（1）心理意识具有偏执的倾向，头脑比较简单、思路及心胸狭窄，性格上具有斤斤计较、钻牛角尖的心理特征，常常表现为不易接受他人的观点或意见。

（2）对法律不了解或一知半解,特别突出的是对法律的误解,常常以偏概全、断章取义、不懂装懂,对罪与非罪的界限没有分辨能力。

（3）一般通过电视、报刊等媒体了解某些信息,自以为什么都知道,事实上与生活实践相脱节,对一些案例或法律的认知处于表面理解却自以为是。

（4）这类人员在正常的情况下,一般不会故意去主动作案犯罪,但有了意外的机会则出现"不能轻易放弃"的念头,过于注重事物的表现形式,不充分考虑事物的本质。

（5）平时能够安分守己,知书达理,处事也能比较得体,但心理深处比较狭隘、自私,典型的"小市民"心态,在特定的情况下,内在的贪婪心理则暴露无遗。

如:某区政府一机构财务部门,将本财务部门职务活动的收入或盈余进行了截留,他们以为将公款提供给外单位使用,只要把正常的利率入账就可以了,至于高出的部分是财务部门的"创收"是"自己的贡献",于是他们将这部分高达数十万元的公款进行了私分。直到检察机关查上门来了,他们还刻意以假象企图蒙混过关,经过检察官的严肃的教育,他们才认识到犯罪行为性质的严重性,可是为时已晚了,均被依法追究刑事责任。

9.2.19 报复心理

报复心理是犯罪嫌疑人仅仅出于不满的情绪,故意以犯罪的行为来损害特定的利益,主观意识上存在的一种幸灾乐祸的心理定势;是犯罪嫌疑人对自己犯罪行为及其结果的一种刻意追求的心理状态。其主要特征为:

（1）生活环境和家庭环境长期不理想,造成内在心理比较压抑、狭窄、阴暗,深度忧郁,不合群,具有自责、自卑心理,通常具有心理偏执或强迫症。

（2）在工作环境中不善于与他人沟通,疑心病比较重,与特定的关系人或者特定的群体矛盾突出,关系紧张,对立严重,具有记仇的心理状态,严重的可以产生报复单位、组织、社会的极端心理。

（3）一旦具有了一定的权力和实施犯罪的机会和条件,容易激起刻意去追求、去实现的欲望,并有反复权衡、周密考虑、充分准备的预谋期。

（4）这类人员刻意实施犯罪的主要意图,往往不仅仅是为了实现自己的个人物质方面的利益,有的是希望出现"轰动"的效果;有的是为了"出一口气"而求得心理的平衡。

（5）具有超价观念(放大效应),个人极端的意识到了无法控制的状态,遇到外界刺激容易丧失判断能力,反而希望自己犯罪的结果造成的影响带来的后果越大越趋于满足。

如:某单位一职工对领导恨之入骨,当发现领导将某次收受的贿赂放入自己的文件柜里时,便找机会盗取了这些赃款,他明知道盗窃现场会引起有关部门的重视,但他更迫切的是要有关部门查实领导收受贿赂的事实,以报复领导。

9.2.20　自弃心理

自弃心理是犯罪嫌疑人对自己的发展和前途严重丧失信心,以故意犯罪的行为来发泄自己的情绪,主观意识上存在的一种自暴自弃的心理定势;是犯罪嫌疑人对自己犯罪行为及其结果的一种无所畏惧的心理状态。其主要特征为:

（1）心理长期处于自闭状态,具有明显不合群的特征,常常流露出自卑、绝望、厌世的忧郁症特征,对所接触的一切都提不起兴趣的心理,看不到希望,看不到前途,宿命论意识严重。

（2）一般具有曾经遭受过严重挫折的经历,表现为长期郁郁寡欢、耿耿于怀、一蹶不振,对社会和生活失去信心,没有追求的目标,存在"今天有酒今天醉"的颓废状态。

（3）相当一些是具有曾经受到过各种处罚的历史,政治上失去了前途,从此背上了沉重的思想包袱,心态失衡、心存不满、自暴自弃且越发强烈。

(4) 这类人员一般家庭生活也极不如意,存在夫妻关系紧张的情况或有过离婚经历,没有正当的个人爱好和追求,平时得过且过、浑浑噩噩,或者醉生梦死。

(5) 这类人员具有一定的文化知识和独立的见解,不易接受外来的观念和思想认识,往往对犯罪的后果有足够的思想准备,呈现"无所谓"的态度。

如:某柴油机制造公司车间主任张某在"文革"中曾是"造反派"头头,担任过企业"革委会"的负责人,后来受到过组织的政治处理。在担任车间主任期间,其利用职务之便收受贿赂数万元受到了侦查机关的查处。在听候处理期间,他感到年近花甲又面临牢狱之灾的压力,结果留下了称自己为"罪人"的遗书后自尽。

9.2.21　反社会心理

反社会心理是犯罪嫌疑人具有对社会的强烈不满,与整个社会为敌,主观意识上存在破坏、捣乱、"唯恐天下不乱"的心理定势;是犯罪嫌疑人对自己犯罪行为及其结果刻意追求或听之任之的心理状态。其主要特征为:

(1) 处于一种不正常的心理状态,具有仇视、敌视、轻视一切的畸形心理表现,与当今社会格格不入,通常是在政治上失去了前途,生活中失去了亲情,常常处于众叛亲离的境地,有严重的"失落感"和"被抛弃感",如犯有严重政治错误又不肯悔改的"三种人"等。

(2) 通常是曾经有过风光的时期,但因为各种原因已风光不再,落差巨大,心理失落感严重,如受到过刑事处罚、被开除党籍、撤销重要职务等,但内心不具悔改,心存不满、怀恨在心。

(3) 具有相当的文化程度、社会阅历和复杂的经历,一般具有控制欲、偏执状、煽动性、以我为中心,能说会道、善于诡辩、具有一定号召力的能力。

（4）巨大的落差导致思想意识逆转、激进、极端，甚至反动，在前途无望的极度无奈之下把唯利是图、损公肥私作为刻意追求的唯一途径。

（5）考虑周密，作案猖狂，智能化程度高，手段恶劣，往往是成群结伙的首要分子或者是出主意、为首作案的主要骨干，具有强烈的仇视社会、报复社会的心理，作案后果往往极为严重。

如：某被判处死刑的贪污犯罪分子王某，其个人历史就是"盗、抢、打、骗、奸、贪"被不断关押、判刑的历史，对社会存在非常敌对的思想情绪，发展到只要能够损害国家的利益就感到无比的兴奋，心安理得。某个机会王某认识了某国有企业的会计郭某，他采取引诱、哄骗、威胁、恐吓等手段把郭某拉下水，两人共同贪污国家专项资金数十万元，对国家造成的损失十分巨大。如果说郭某是为了钱财的话，王某却不仅仅为了钱，他首先是为了对抗社会、报复社会，其这种行为具有典型的反社会的性质。

9.3　作案心理起因、强度高涨、易发的关键点

9.3.1　得到期望的提拔后

相当一些职务犯罪人员，在没有提到一定的领导岗位的时候，还能够要求自己遵纪守法，注意约束自己的行为，能够保持廉政自律。然而一旦得到提拔，个人期望的目标实现后，常常出现仕途上（或一定时期内）没有了再追求（被提拔）的目标，可以松一口气了，于是放松对自己的约束，我行我素起来。有的甚至要把长期约束、压抑的情绪释放出来，在得到提拔后不久便突破思想防线，大肆捞钱、敛财，迅速腐败，升职不久便被绳之以法的多属于这种情况。此阶段犯罪的可能性指数为 70%。

9.3.2　形成一定的势力后

一些曾经长期担任"一把手"的职务犯罪人员,在属下唯唯诺诺、百依百顺、听不到不同意见的环境里,滋长了唯我独尊、一言堂的不良习气,不能摆正个人与组织、自己与群众、生活与工作、事业与家庭等的关系,不讲原则,独断专行,一切以自己为中心,胆大妄为。"一把手"职务犯罪多具有这些特征。此阶段犯罪的可能性指数为 70%。

9.3.3　取得相当的成绩后

职务犯罪的人员中有相当一部分曾经是工作表现非常不错的人员,其中不凡具有"劳动模范"、"先进工作者"、"优秀共产党员"等先进人物,但是,他们往往在成绩、功劳面前沾沾自喜,以特殊人物自居,不再谦虚谨慎,不再甘于默默无闻、踏踏实实的平常生活,把组织上的教育、监督抛到了九霄云外,做事不讲原则,交友不划界限,夸口不分场合,把自己当作具有天生免疫力的特殊人物。此阶段犯罪的可能性指数为 70%。

9.3.4　拥有绝对的权力后

一些职级相对高的领导干部所以成为职务犯罪的阶下囚,主要外部原因是失去了对其权力进行各种监督的环境,主要内部原因是绝对权力者排斥对其权力的各种监督。被判死缓的原某集团董事长、党委书记王某某公然讲:"法制教育是下面的事,不是我的事情,我哪有时间去搞这个啊!"国内外大量的事实证明,失去了监督的绝对权力必定产生绝对的腐败,从拥有小权力到大权力,再到绝对的权力,任何人的心态必定随之发生变化,如果对其的不良变化没有监督、制约,反而任其恶性膨胀,就会出问题。此阶段犯罪的可能性指数为 70%。

9.3.5 得意忘形的错断后

获得了梦寐以求的地位、权力;拥有了不同寻常的荣誉、"光环";取得了令人瞩目的成就、胜利;傍上了位高权重的"靠山"、大人物,以为自己不是普通人了,可以随心所欲、我行我素了,性格张狂起来,脾气暴躁起来,作风浮躁起来,朋友滥交起来,敛财迫切起来,生活糜烂起来,什么党纪国法,什么群众利益,什么民主监督、不同意见等等通通与己无关,结果从天上跌到地狱,哪个腐败高官不是这种情况? 此阶段犯罪的可能性指数为 90%。

9.3.6 花费巨资买官如愿后

一些官员个人能力有限、本事不大,但对"官场"潜规则却潜心研究,为了实现自己不断得益的目的,善于揣摩领导的心态,不惜花费巨资重金"跑官"、"买官"(而这些花费一定是其拼命贪污受贿而来),由此与一些领导建立起了特殊的关系后,更加忘乎所以。显然,其一旦如愿以偿便"狐假虎威"起来,敛财变本加厉,力求把以前的损失捞回来。凡是通过这种手法"升官发财"的,其一定是涉案金额巨大的腐败分子,而且能够牵连出幕后人物。此阶段犯罪的可能性指数为 70%。

9.3.7 找到掩盖的方法后

利用企业转制、重组、清算等等的机会,浑水摸鱼,趁机为个人敛财,以为企业性质变化后没有人再去翻历史老账,以为事实真相永远被尘封、被掩盖;或通过各种途径或机会,了解到一些调查、侦查机构的内部情况,自以为掌握了反调查、反侦查的方法和途径,自信自己的行为不会暴露、查不出,从而大肆作案;或通过各种机会认识、熟悉了一些特定的人员,如法律职业的工作者、司法人员、具有相应权力的领导,以为自己有了"保护伞",作案不计后果。此阶段犯罪的可能性指数为 70%。

9.3.8　设定逃脱的渠道后

这即为人们称之为"裸官"中的一些人,他们通常经过周密的设计和筹划,准备移居国外,一般先期给老婆孩子办好移民,送去国外,再经过一年或者数年的蛰伏,利用机会大肆作案后,便金蝉脱壳秘密潜逃国外。也有的对家属刻意隐瞒潜逃的计划和意图,而秘密策划伙同情人分别或同时潜逃国外。还有的利用决策的权力或者受到委派的机会,在国外办企业,待把情况摸清、关系理顺、基础打好后便不辞而别。目前还开始出现了官员因公出国而故意逾期不归的情况。此阶段犯罪的可能性指数为70%。

9.3.9　发现绝好的机遇后

一般在遇到偶然的特定机会的情景下,诱发内在的贪婪心理,信奉"机不可失、时不再来"、"就此一次、下不为例"的自我鼓励、自我安慰信条,从而坚定作案的信心。或在国有企业转制的过程中,一些拥有企业"生杀大权"的人物以为"个人发财的机会来了",迫不及待地利用手中的权力将一部分国有资产(往往均为巨额)隐匿在外,规避政府的审计与清算,最终将这部分国有资产统统攘夺进自己的口袋。此阶段犯罪的可能性指数为80%。

9.3.10　丧失信念追求后

一些领导人物其表面上是共产党干部,处处以正面人物自居,实际上其政治思想上处于一种极为颓废的状态,如某副省长丛某某荒唐地提出"以佛治国",自己还有"法号",伙同一巫婆从事迷信活动敛钱数千万元,被判处死缓。这些人完全丧失公权力者的基本理想和信念,追求个人利益的欲望达到了顶峰,内心深处根深蒂固的是"人不为己、天诛地灭"的观念,表面上是正人君子,暗中作案变本加厉,往往犯罪的后果十分严重,犯罪的金额十分巨大。此阶段犯罪的可能性指数为90%。

9.3.11　急于实现个人的目的

一些年轻的公职人员在面临物质条件不允许、达不到的情况下,为了满足个人的一些需求(如买房、买车、结婚讲排场等),或迫于内在的虚荣心及来自外部的压力,利用不法手段进行"敛财致富";也有一些中年以上的公职人员迷恋上了高档娱乐消费、豪赌、包养情妇,为了保持这种局面,急于敛钱以实现个人的目的。此阶段犯罪的可能性指数为 70%。

9.3.12　遇到来自各方面不利的对待

有的人非常计较个人的利益得失,在某些方面,如收入或福利待遇上,达不到自己预期的目标时,或者自以为在一些物质利益方面吃亏,通过正当途径无法满足的情况下,进行自我弥补,利用职务便利大肆作案且心安理得。此阶段犯罪的可能性指数为 70%。

9.3.13　个人特定的目的没有实现

一些国家公职人员,其个人预想的利益目标没有实现,无法如愿以偿,与他人相比感到无比的失落,不由自主地产生嫉妒、不满和愤恨的情绪。为满足自己的"不甘"心理,消除"失落"感,易以贪污受贿等不法手段进行自我安慰,所谓"堤内损失堤外补"。此阶段犯罪的可能性指数为 70%。

9.3.14　从来没有受到过挫折过于自信

一些国家公职人员(主要是经历简单、年龄较轻、能力较强、提拔较快的)在仕途上一直比较风平浪静、一帆风顺,没有经历过挫折和磨难,没有接受监督制约的意识和自觉性,自我感觉良好、自我定位较高,严重脱离实际,滋长了随心所欲、无所顾忌的心态,作案往往胆大妄为、不计后果。此阶段犯罪的可能性指数为 80%。

9.3.15 长期存在监督不力的情况

职务犯罪的侦查实践揭示,相当一部分腐败堕落成为阶下囚的昔日官员,却有过勤奋、廉洁的经历,有的还曾经是货真价实的"优秀共产党员"、"劳动模范",但是,他们一旦到了领导岗位,却蜕变了,究其原因,就是一些领导岗位、特别是"一把手"岗位缺乏监督。据不完全统计,近年来,被提拔到领导岗位三年内"落马"的占二三成;五年内"落马"的占四五成。据媒体报道,有一个地区三年内被提拔的官员,超过百分之六十五因为违纪违法被罢免了职务。由此可见,监督对防止权力腐败的重要性。侦查人员也可从中发现规律,凡是监督不到位的领导岗位,其腐败的概率是相当高的,针对这个情况,也可以提高职务犯罪侦查"靶向"的准确性。此阶段犯罪可能性指数高达 90%。

9.3.16 特权思想意识突出的时候

一些身居社会地位比较特殊的单位工作人员,诸如司法机关工作人员、行政执法机关工作人员在缺少学习、缺少监督的情况下,特权思想突出,自以为懂法律,以为法律都是针对他人的,根本没有自己也必须依法的意识,往往以"特殊人"自居,结果禁不住各种诱惑而跌入犯罪的泥坑。此阶段犯罪的可能性指数为 90%。

9.3.17 怀才不遇的心理高涨时

一些自以为具有一定能力或特长的人员,长期不能正确对待自己,或者其所处环境确实存在一些不公的事实,"吃亏"意识一直萦绕在心头,但其没有采取正当的渠道去解决问题,长期处在怀才不遇、心存不满的状态。这样的情况一旦达到了一定的程度且遇到特定的机会,必然非常容易走向犯罪的极端。此阶段犯罪的可能性指数为 90%。

9.3.18　功成名就的时候

一些行将离退休的人员即将离开的岗位,往往会不自觉地产生一种"悲戚"的感觉,以前取得一定的成绩、获取一定的地位和社会评价,感到很光荣很自豪,然而一旦真正面临离开,看看什么都无法带走,特别这时再与一些不恰当的对象作比较,致使内心失落感油然而生,于是临走别错过最后的机会,抓住有利时机"捞一把"成为身败名裂的动因。此阶段犯罪的可能性指数为90%。

9.3.19　傍上大款至难舍难分的程度

"傍大款"几乎是所有贪官的通病,一般情况下,官员"傍大款"的过程及规律是相似的:刚开始具有一定的警惕和提防,心里十分明白大款的根本用意和目的;而后有些相互之间的礼尚往来,心理是一种自我安慰:我们是有来有往,谈不上"受贿";再后是称兄道弟、来者不拒,自信对方不会出卖自己;发展到一定的阶段便主动索取各种"回报",因为大款一定在官员的"帮助"下,使利益有了巨大的收获,官员已经不能满足一般的小恩小惠了。此阶段犯罪的可能性指数为90%。

9.3.20　有了婚外恋到了难以自拔或"被套"的阶段

相当多的贪官包养情妇已是公开的秘密和特征。有一些官员原本对各种不当得利具有警惕性,但是一旦有了情妇,其情况必定急剧变化。绝大多数情妇的真正目的是经济利益。为了维持这种关系或让"情人"高兴,官员利用一切机会大肆获利就成为必然。此阶段犯罪的可能性指数为90%。

9.3.21　不良嗜好成瘾,无法控制的时候

一些公权力的执掌者从不注意小节开始,热衷于"斗斗地主"、"打打麻将"、"去去澳门",个别年轻的公职人员学会网上赌

博,一旦上瘾便一发而不可收拾,变成了"大手笔",好几起贪污案的对象就是网上赌博(参加境外赌球)输掉公款上千万元! 不良嗜好成瘾是一些官员急剧堕落直至犯罪的必由之路。此阶段犯罪的可能性指数为 90%。

9.3.22　长期处在垄断、优势的岗位上

一些具有特定垄断、优势的岗位上的公权力执掌者,平时遇到的多为阿谀奉迎、溜须拍马之徒,各种诱惑、拉拢持续不断,如果没有足够的警惕性、抵御力,久而久之会见多不怪、慢慢适应,然后便习以为常,泰然处之。此阶段犯罪的可能性指数为 70%。

9.4　职务犯罪实施可能性比较低的心理

9.4.1　渴望提拔且正值被组织考察、考验的阶段

一直努力追求被提拔的愿望即将变成现实,正在接受组织考察、考验的阶段,一般持有期望、担心、谨慎的心理状态,行为上会特别小心谨慎、不事张扬、保守收敛、回避矛盾。此阶段犯罪的可能性指数为 3%。

9.4.2　得到表彰或者被树为典型的阶段

被树为先进典型后,一般持有显示、虚荣、故作姿态的心理状态,行为上会采取一种自以为与此相符合的外在形象出现,会刻意改变一些以前不体面的行为、掩盖一些明显不端的行为,此阶段犯罪的可能性指数为 5%。

9.4.3　家庭和睦且家属的嫉恶如仇感占主导地位的环境

家属的深明大义、嫉恶如仇、严格要求和防范督促的促动和影响氛围下,一般持有惧内、严谨、收敛的心理状态,在利益诱惑

面前会产生一定程度抵制的意识,此阶段犯罪的可能性指数为 5%。

9.4.4　面临"政敌"的情况下

面临明显的"对立面"或"政敌",担心被对手抓住不利自己的"把柄"的情况下,一般持有多虑、狐疑、内敛的心理状态,行为上处事小心谨慎、反复权衡利弊,一般不易出现出格之举,此阶段犯罪的可能性指数为 1%。

9.4.5　被举报的特定阶段

在知道自己正在被他人举报的阶段,一般持有恐惧、敏感、紧张的心理状态,行为上会特别注意和检点,暂时不会再行不义之举,此阶段犯罪的可能性指数为 5%。

9.4.6　群众不满情绪高涨的阶段

面临群众强烈的不满情绪、干群之间存在突出的矛盾、处于比较对立的情况下,一般持有易怒、急躁、权衡、多思、谨慎的心理状态,行为上会特别控制自己的不良言行以缓和矛盾,此阶段犯罪的可能性指数为 5%。

9.4.7　核心层中出现"内讧"的情况

在特定的活动范围内出现了矛盾"内讧",害怕自己的问题受到牵连和被暴露,一般持有担心、忍让、退缩的心理状态,行为上会采取自我保护的措施,刻意掩盖可能被牵连的问题,此阶段犯罪的可能性指数为 3%。

9.4.8　有牵连的人员被接受调查的阶段

与自己有牵连的人员被怀疑或被接受有关部门调查时,一般持有紧张、焦虑、不安的心理状态,行为上会进行自我对照,格外注意消除自己的问题被发现的可能性,暂时不会轻易再行作案,此阶段犯罪的可能性指数为 0%。

9.4.9　特定的范围内有关人员被查处的阶段

与自己的问题具有脱不了干系的人员正被查处的阶段,一般持有恐惧、慌乱、收敛的心理状态,行为上会加紧进行弥补漏洞的行为,暂时不会、不敢进行新的贪污受贿性质的作案,此阶段犯罪的可能性指数为 0%。

9.4.10　关系网、保护伞的背景丧失的情况下

自己的关系网、保护伞势力失去的情况下,一般持有失落、失意、悲观的心理状态,行为上会重新考虑对策,在没有建立新的"屏障"和具有把握的条件下,会研究或寻找新的方法途径,暂时不会继续作案,此阶段犯罪的可能性指数为 5%。

9.5　职务犯罪实施可能性比较高的心理

9.5.1　渴望被提拔的期望值的破灭

长期期待的欲望被彻底摧毁、破灭后,一般会产生失衡、失落、失态的心理状态,平时能够约束自己的则不再坚持了,以前有所提防的也无所顾忌了,甚至刻意去追求不义之财以求得心理上的平衡,以进行发泄或自我安慰。此阶段犯罪的可能性指数为 90%。

9.5.2　在物质、经济利益方面认为受到了不公正的对待

自我认为自己受到了不公正、不公平的对待,面对现状又无能为力,心存不甘、"忍无可忍",一般会产生怒气、屈辱、报复的心理状态,会利用权力搞"自我寻租"进行自我弥补,以掌握满足。

此阶段犯罪的可能性指数为 90%。

9.5.3　家庭成员之间关系紧张、缺少关心和温馨感

家庭内缺少亲情感、吸引力,于是广交"有求自己"的朋友,在交往过程中无所顾忌,刻意追求一种畸形的"感情"、"感觉",一般会产生放纵、张狂、不羁的心理状态,行为上冲动,没有约束,缺乏抵制力,容易被诱惑犯罪。此阶段犯罪的可能性指数为 60%。

9.5.4　配偶在经济上的"紧缩政策"而"逼良为娼"

家属担心配偶"有钱就变坏",于是在经济上搞"紧缩政策",弄得"捉襟见肘",入不敷出,一般会产生窘迫、贪婪、欲望的心理状态,行为上一旦遇有贪污、受贿等敛财的机会,无比欣喜、难以抗拒。此阶段犯罪的可能性指数为 70%。

9.5.5　家庭成员物质追求形成的压力急剧增大

家庭需要巨大的开支(出国、购房、买车)等,家庭成员不断给予压力,久而久之易产生顺从、补偿、"求太平"的心理状态,行为上会不断去刻意追求不义之财,对家庭成员暂时的满足感到欣慰和愉悦。此阶段犯罪的可能性指数为 50%。

9.5.6　包养情妇开销压力的急剧增大

包养情妇的官员对经济的追求必定是十分迫切的,一般会产生急剧"捞外快"、不断"填沟坎"、身外之物(钱财来自他人)的心理状态,行为上必定贪得无厌、来者不拒,以讨情妇之欢心。此阶段犯罪的可能性指数为 95%。

9.5.7　意外事件的突发

遇到一些特定的意外,如有的被抓住"把柄"受到敲诈,有的是因为"情妇"怀孕、受到要挟等原因需要金钱补偿,有的因为赌

博造成公款巨额亏空面临案发,此时一般会产生补救、烦躁、紊乱的心理状态,行为上会迫切采取索取钱财(贿赂)的不法之举。此阶段犯罪的可能性指数为90%。

9.5.8　急需买官的巨大开销

迫切希望"当官发财",急需巨资"跑官"、"买官",苦于没有经济实力,一般会产生焦虑、伺机、贪婪的心理状态,行为上不断寻找某些受到自己制约的合适的对象,达成某种默契,作出某些承诺以索取巨额的钱财来实现"买官"的目的。此阶段犯罪的可能性指数为60%。

9.5.9　犯罪团伙的形成或者达成默契

长期内外勾结,利用职权大肆侵吞公共财产,形成了固定的犯罪团伙,一发而不可收,一般会产生疯狂、贪婪、不计后果的心理状态,行为上难以罢休、迫不及待、巧取豪夺、变本加厉。此阶段犯罪的可能性指数为90%。

9.5.10　离开岗位、出国定居已经有了充分的准备

具有贪婪性、已经有了贪污受贿的经历,面临离退休、辞职、出国定居,一旦做好了相应的准备,充分设计好了"后路",一般会产生嚣张、无畏、博弈的心理状态,行为上出现"最后捞一把"的疯狂之举,且金额巨大。此阶段犯罪的可能性指数为100%。

9.6　应讯心理

9.6.1　拒供心理

9.6.1.1　侥幸心理

犯罪嫌疑人往往自信的程度比较高,自以为作案手法高明、

隐蔽,没有留下破绽和痕迹,以为侦查机关难以发现证据,自己的犯罪行为不会暴露;或以为自己具有反侦查的"本事",只要坚持不交代侦查机关就没有办法,如此这般就可以逃避侦查或司法追究;或者期望有一定特殊地位、背景的人物来"拯救"自己,这是一种过高估计自己能量的定势及不确定心理,是认为可以逃避罪责的一种自信感,它是伴随着畏罪心理而产生的,是其犯罪时侥幸心理的继续和发展。这种侥幸心理多以主观臆想代替客观事现实,企图以一种并不稳定的安全感来抵消或减弱内心的恐惧。其在接受讯问时多采用狡辩、说谎的方式,一般不正面抗拒,也绝少沉默,自信是其抗拒交代的一种主要障碍和原因。

应对策略　直接挑明其心存侥幸的症结所在,分析此刻抱有侥幸心理的不现实性、危害性,打破其幻想,堵死其后路,摧毁其自信,指明只有如实交代才是其唯一的出路的选择,适时出示一定的事实证据来打消其顾虑和打破其的心理定势。这类对象一般不具有顽固性。

9.6.1.2　畏罪心理

犯罪嫌疑人害怕自己的犯罪行为被揭露,从而受到法律惩罚的一种本能的心理现象。畏罪心理是在犯罪嫌疑人内在的罪责感的压力和外在的法律威慑力的双重作用下形成的。对法律惩罚的恐惧感多会导致其强烈的逃避或减轻惩罚的欲望。在这种欲望的驱使下,犯罪嫌疑人会竭尽全力隐瞒、歪曲、回避事实真相。畏罪心理主要特征是"惧怕刑罚的痛苦折磨"的恐惧感和"一切都完了"的危机感。完了摆脱这种危机和可能即将来临的痛苦折磨而否认犯罪。畏罪心理不仅直接阻扰犯罪嫌疑人真实、完全地交代犯罪事实,而且还会派生出侥幸心理、戒备心理,已经产生紧张、绝望等消极、悲观情绪。

应对策略　畏罪心理具有事物的两重性,一方面,其是影响对象真实、彻底交代的心理障碍,另一方面其也可以成为思想放下包袱、如实交代的动力,这类对象普遍存在"尽快解脱自实施犯罪以来积淀在内心的负罪感"，因此，严肃指出犯罪根源，耐心分析负罪感心理，热情指明方向道路，帮助建立重新做人的信心，这类对象还是能够较快予以突破的。

9.6.1.3　恐慌心理

恐慌心理产生于畏罪心理，它是因犯罪嫌疑人预料到刑罚已处在无法避免或已面临某种危险景况而又难以逃脱时，心理失去平衡，思维发生紊乱的一种紧张情绪状态。职务犯罪嫌疑人均为初次受到面临侦查、讯问等措施，对这种压力极不适应，缺乏防御的经验，缺乏规避的信心，紧张、慌乱心理强烈。这类对象在讯问中一般表现为"硬顶死赖"、没有方寸、相互矛盾、漏洞百出，有的因为极度恐慌也会出现神志恍惚、手足无措、肌肉紧张、疾病突发、无法自控的情况，但仍然会表现咬紧牙关、坚不吐实、沉默不言的死守防线状态。

应对策略　首先可以采取比较和缓的语气，减轻犯罪嫌疑人的思想压力，使其能够进入正常的应讯状态，再深入浅出地剖析其恐惧心理的症结所在，令其感到信服，有时对象还能上升为敬佩、相见恨晚的感觉，在此基础上利用对象往往良心尚未泯灭、初次作案、恶习不深、罪恶感强、具有悔改的心理，引导其认罪伏法。

9.6.1.4　戒备心理

犯罪嫌疑人为防范犯罪事实被揭露、担心一些犯罪事实讲不清楚，害怕不能得到公正的对待等，而处于一种警惕、防御的心理状态。防御是人的本能，处于可能被刑事追究的对象往往这种不能更为强烈。他们表现为对侦查人员不信任，十分关注侦查人员的言谈举止，回答问题小心谨慎、极力控制，始终处于"一着不慎、全盘皆输"的防备心理状态。犯罪嫌疑人的防备心理来源于几种因素：①对自己实施的犯罪行为存在一定的自信，相信自己的问题有侥幸、不会暴露的可能，但这种自信、侥幸心理的程度比较脆弱；②对自己隐蔽犯罪行为证据的举动又极不自信，千方百计想从侦查人员的言谈举止中发现破绽，从而坚定自己抗拒的信心；

③对侦查人员的不信任,害怕落入侦查人员设定的"圈套";④担心侦查人员讲话不算数,交代后得不到较轻的处理。在这种戒备心理的影响下,对象对侦查活动高度提防、戒备,疑虑重重、十分紧张,唯恐行为举止不慎露出破绽;对侦查人员的问话不立即回答,仔细琢磨、反复衡量后才简短回答;对周围环境高度警觉,存有草木皆兵之压力。

应对策略　侦查人员要保持严肃、规范的状态进行真诚、耐心、开导式的法律、政策的教育,以一些具有针对性的案例宣传法律、司法机关的公正性、公平性,站在对象的角度帮助其分析犯罪的原因和应当采取的正确选择,获取其的认同感、信任感、依赖感,避免出现不当的言语给对象造成错觉;避免侦查人员心神不定、跑进跑出给对象不利的暗示。

9.6.1.5　抵触心理

抵触心理是犯罪嫌疑人受到刑事追究(侦查)对法律、侦查机关及侦查人员产生的一种对立的心理情绪。它建立在为维护个人利益和尊严的基础之上,是对象抗拒侦查、逃避惩罚的内在心理的本能反应。绝大多数犯罪嫌疑人均存在抵触心理,随着讯问的发展,一部分会达到高峰,有的会存在于侦查的全过程。抵触情绪产生的原因:①被刑事追究强烈不满,认为自己不存在犯罪、不是犯罪,或犯罪具有自以为有理的理由;②认为侦查机关及侦查人员并没有掌握证据就对自己采取了侦查措施;③认为不良影响、不利后果已经造成,"破罐子破摔";④对侦查人员的言行举止不满意,认为没有"对话"的资格或基础;⑤自己历史上或者家人、亲属曾经受到过侦查机关及侦查人员不公正的对待,存在积怨。抵触情绪一般具有两种表现方式:①积极抵触行为:以攻为守、出言不逊、挑衅谩骂等缺乏理智的方式;②消极抵触行为:沉默寡言、答非所问、无动于衷等表现冷漠的方式。

应对策略　针对这类犯罪嫌疑人的情况,在讯问中首先要注意对其进行心理的疏导,对其的不正确认识、误解进行耐心的矫正,降低或弱化其的抵触心理情绪,突出侦查人员尊重和保护人权、法律面前人人平等、讲事实摆道理、文明理性的侦查工作规范特点,以达到感化的效果。侦查人员不能感情用事、"火冒三丈"、沉不住气与对象发生激烈的冲突而使讯问陷入僵局。

9.6.1.6 好汉心理

犯罪嫌疑人认为向司法机关交代是一种"懦夫"、"胆小"、"缩货"的表现,平时在言谈举止中也极力贬低如实坦白交代的人,于是其自己一旦身临其境,在其内在心理就有要表现为自己是"好汉"的心理,其会在一定的期限内抗拒交代而进行硬撑性质的"顶牛"。但这类对象伸缩性、可塑性程度比较大,大势一去便极快转变。

应对策略 以强大的讯问攻势、思想压力来"损害"其的自尊心,用"离间"的方法使其明白所谓"好汉"行为的愚昧或是被人利用,动摇其的既定心理定势,在此基础上以一些"抬轿子"的"好话"来平服其的对立心理情绪,适时制造一定的台阶让其"有体面"的下来,以进入正常讯问的轨道。这类对象一般"吃软不吃硬"。

9.6.1.7 静观心理

犯罪嫌疑人对侦查机关是否真正掌握自己犯罪的证据还没有把握,持怀疑的心理态度,担心一旦交代了,可能是侦查机关没有掌握的,自己会上当吃亏;如果不交代,又可能会得罪侦查机关,而遭到更为严厉的处理,在把握不住的情况下,以静观的心理态度来进行软对抗。

应对策略 重点进行针对性的法律、政策的教育,特别是以一些有针对性的案例进行剖析,以正反两方面的事实促进其的思想斗争进程,以促进其静观的心理定势的变化,倾向尽快采取坦白交代的果断决定。这类对象一般具有"慢热性"。

9.6.1.8 博弈心理

犯罪嫌疑人具有偏向不交代的心理定势,坚信自己的问题没有暴露,或者认为自己的犯罪行为隐蔽得"天衣无缝",坚持认为只要自己死顶硬抗,司法机关就没有办法,采取"水泼不进、针插不进"的顽抗态度,其表现出的顽固、抵抗的实质是其内心深处一种"博弈"、"斗智"的心理。

应对策略　以实际现实、事实证据为支点,形成强大的心理攻势,指明其的犯罪事实是客观存在、无法回避和隐瞒的,打破其犹豫不决、患得患失、"博一记"、"小聪明"的心理意识,以激起其本能的冲动,再从其中抓住漏洞予以攻击之。这类对象一般具有"易激动"、"冲动性"、"顾此失彼"的弱点。

9.6.1.9　轻视心理

犯罪嫌疑人通过接触、观察,认为侦查人员的能力、水平、学识、职位、资历都在其之下,始终存在自己能力、水平、学识、资历等的"不同寻常"的自傲心态,其内心深处是一种傲慢、故作姿态及对侦查人员刻意藐视、轻视的心理。

应对策略　以侦查人员的正义感、事业心、义正词严、以理服人的形象和态度对其的心理形成震撼和冲击,注意抓住其的劣势或"软档"进行扩大和展开,打击其的气焰、挫伤其的气势、动摇其的意志,使其的思想尽快回到现实中来,面对现实交代问题。这类对象一般具有傲气、自命不凡、自持清高,同时在法律方面又处于比较无知、幼稚、简单的状态。

9.6.1.10　屈辱心理

犯罪嫌疑人在被接受调查的过程中,始终认为自己"冤屈",一般有这样几种情况:①感到比自己的问题严重的、职位权力大的人倒没有事,自己的问题并不严重反而受到了调查;②认为对自己被调查的事完全是"小题大做",自己认为是很正常的(其中相当部分是犯罪嫌疑人不知道自己的行为是触犯法律的);③被怀疑的涉嫌犯罪事实确实不存在或者具有误差,自己的声誉被损害了等。这类犯罪嫌疑人内在心理一般比较自闭、狭隘、孤僻,表现出内向的性格。

应对策略　注意分析法律的条文和犯罪的构成,可以采用"同情"、"将心比心"的方式,进行进入其心理的渗透,重点是让其听得进、能打动、进而心服口服,认识及内心感到自己问题的性质及其严重性,产生"负罪感"的心理,并且能够迅速以实际行动正确对待。这类对象一般比较自卑、胆怯,信心不足,但能够接受他人的影响。

9.6.1.11　逆反心理

犯罪嫌疑人对政府、对司法机关持有严重的敌对情绪,往往对正面的东西偏偏要反面来理解,在接受调查、讯问过程中,持有一种强烈的逆反情绪,"你叫我讲,我偏不讲";"你叫我如实讲,我偏胡编乱造"、"瞎讲",这是犯罪嫌疑人存在极端的排斥、逆向思维心态和利己主义心理。

应对策略　采用法律政策严肃性的高压态势打消其嚣张的气焰,以正义感、公正性及规范的侦查程序来令其头脑冷静、心里明白:司法机关并不是其想象的"不讲理"、"欺软怕硬"、"束手无策"的那种情况,以特定的案例来说明法律的尊严是不容挑衅的,促使其心理产生"自卑感",其所采取的方法是行不通的。这类对象一般具有"叛逆"、"急躁"、"沉不住气"的特点,容易"人来疯",所以掌握其"顺毛驴"的秉性可以有效克之。

9.6.1.12　受骗心理

犯罪嫌疑人具有强烈的自我保护意识,主观以为侦查人员的话都是骗人的,自我要求"千万不要上当受骗",内心是一种排斥、抵制、不相信、不认同的心理,这类犯罪嫌疑人往往缺乏主见、抑郁犹豫、疑神疑鬼、喜欢钻牛角尖,心理比较脆弱。

应对策略　注意以真诚、耐心、客观、实事求是的方法表明司法机关及其侦查人员的诚信和原则性,对其的涉嫌犯罪行为绝不姑息;不是其的责任,及时排除,表明实事求是、客观公正、治病救人、给出路的政策,以真诚感化对象,促使其心理产生"内疚感"、"悔罪感"。这类对象一般疑心比较重,经过"苦口婆心"的耐心工作,其容易接受"感化"。

9.6.1.13　虚荣心理

犯罪嫌疑人特别讲究"面子",为了顾及自己的"面子",可以不顾一切。担心今后无脸见人,往往思想斗争再三,欲言又止,难以启齿,其实质是一种长期处在比较优越的环境中而滋生或存在的极度虚荣的心理。

应对策略　①"给其面子",在称呼、语气、言词等方面让其感到"舒舒服服",使其交代涉嫌犯罪的问题也是"极有面子"、"体面"的陈述(交代);②"不给其面子",深刻揭露其犯罪的根源和实质,剥下其的假面具,让其在正义的法律面前无地自容、斯文扫地;③"给足其面子",在其如实交代的基础上创造一些将功补过的机会,由其作"内线"配合办案,其一定会"受宠若惊"、"俯首贴耳",虚荣心理得到极大的满足而为我所用。这类对象一般心理承受能力比较弱,软硬兼施比较有效。

9.6.1.14　顾虑心理

犯罪嫌疑人在一定程度上知道自己实施犯罪讯问的后果,于是非常担心交代以后将面临的后果,将失去自由、将无法在特定的环境或一定的圈子内生存、做人;甚至有的是受到黑恶势力的威胁,担心交代以后自己或家人遭到打击报复。这类犯罪嫌疑人存在的是一种缺乏主见、无可奈何、优柔寡断、丧失信心、患得患失的心理,可能处在黑恶势力比较猖獗的环境。

应对策略　以侦查人员的良好形象帮助对象建立是非观念和正义感,建立起对法律、对司法机关的信心,认真听取其的担心和顾虑,进行法理的分析,切实帮助其解决可能存在的实际困难,排除后顾之忧,使其放下包袱,促使其产生对侦查人员的"依附感"、"依靠感"的心理。这类对象一般比较固执、孤僻、简单,韧劲比较强,但一旦作出选择不易大起大落。

9.6.1.15　迷信心理

犯罪嫌疑人处在一种盲目、愚昧的"自救"状态中,以听信所谓的"大师"的预测,烧香拜佛、抽签算卦接受"暗示",以极度迷信的心理来支撑自己的意志,这类犯罪嫌疑人往往比较孤独无援,不容易相信任何人,信奉"听天由命",是一种"宿命论"的心理。

应对策略 对长期以来信奉宗教的对象,揭示其违法犯罪的实质不但触犯法律,还是对宗教的亵渎和侮辱,是背道而驰,激起其的良知、内疚和自责心理,领悟"苦海无边",立即"回头是岸";对"临时抱佛脚"的假信徒,则揭露其内心空虚、无奈无助、捞救命稻草的心理实质所在,同时给其指明方向和道路:真正能够帮助其自己脱离"苦海"的,只有是其自己。

9.6.1.16 错判心理

犯罪嫌疑人对法律一知半解,认为"只要不开口,神仙难下手",错误地认为侦查机关是"唬人"、"三吓头",以为只要挺过12小时就可以逃脱困境,侦查机关对自己没有办法,内在心理的"硬挺"意识强烈,这类犯罪嫌疑人往往具有的是一种心虚、无知、外强中干、藐视法律的表现及"以攻为守"实为"江郎才尽"的心理。

应对策略 以强势的讯问促使对象思想迅速到位,以出示一定的、有选择的、对其具有震慑作用的少量关键证据来消除其自以为是、观望犹豫的心理;对态度嚣张、肆意挑衅法律的、说理无效的、坚决采取拘留的强制措施,对其进行强势的心理打击,为羁押后再突破奠定基础。针对这种情况,初查的证据要求尽可能到位、扎实,做到一旦对象拒绝交代,初查证据足以采取拘留强制措施的程度。

9.6.1.17 优势心理

犯罪嫌疑人以自己特殊的身份、经历或者地位,持有一种强烈的优势心态,自恃自己是某级领导干部;自恃自己是司法人员;自持自己见多识广,了解司法机关的工作套路,自信"抵挡侦查机关、侦查人员有办法",抱着强烈的不可一世、较量、过手的心态,其内在心理主要是特权意识、盲目清高与傲慢心虚,但其同时一般还具有怀旧、理性、正直的底蕴,感情心理比较脆弱。

应对策略　在深刻揭露其涉嫌犯罪问题严重性的同时,客观地肯定其曾经有过的良好表现,做过的一些积极、有益的工作,让其回顾奋斗的经历及付出和不易,帮助其剖析犯罪的主客观原因,热情指明正确的出路,激起其内心的"怀旧感"、"内疚感"心理,同时考虑接受其的一些合理的要求,促进和强化其端正态度、面对现实、坦诚交代的心理定势。

9.6.1.18　盲目心理

犯罪嫌疑人面对调查或讯问无动于衷、反应麻木,问其十句,不见得回答一句,其一般不解释、不狡辩、不抗议,甚至在整个谈话过程中不吃饭、不喝水,只是认准一个死理:"不交代"。这类犯罪嫌疑人往往文化程度不高,社会地位相对比较低,受他人制约的因素比较多,通常以行贿犯罪嫌疑人为多见。其心理一般具有固执、偏执、僵化、迟钝和愚昧的特征。

应对策略　切忌一味采用简单的训斥、高压、贬低的方法,如此这般只能增强、加重其的偏执心理状态,致使其的心理情绪更加对立;可以先"拉拉家常",再进行一些法律的"启蒙教育",然后帮助其分析存在思想顾虑的症结所在,还可以请其信任的特定人物来做工作,促使其产生"卸包袱"的心理,从而解开其的心理疙瘩而获取其的真实交代。

9.6.1.19　蛮横心理

犯罪嫌疑人通常外在表现为脾气暴躁、言语粗鲁、动作夸张、气焰嚣张,一副不可一世的张狂状态,其一般不具有较高的文化知识和修养,至少是不懂法律常识的"法盲",其中也包括一些虽然具有较高文化程度或地位的领导干部,但在法律上是一个一无所知的盲目者。这类犯罪嫌疑人的心理是以不懂装懂、不懂羞耻、顾此失彼、欺软怕硬等为主要特征。

应对策略　第一阶段,以高压、强势的态度震慑其的嚣张气焰,或者令其恼羞成怒、暴跳如雷,促使其出现失衡心理;第二阶段,换"儒将"进行"和风细雨"式的开导,让其"下台阶",释放积压的怨气,促使其出现"依附感"的心理;第三阶段,引导其认真交代问题,此刻,其一定已经产生了"内疚感"心理,多会采用"赔礼道歉"的方法以求得侦查人员的好感或同情。

9.6.1.20 无赖心理

犯罪嫌疑人在官场上是"老奸巨猾"、"无耻卑鄙"、"滴水不漏",在社会上是"玩世不恭"、"胡作非为"、"五毒俱全",具有"人不为己、天诛地灭"的信条,其平时通常表现出的往往具有"假面具"的一面,但在涉嫌犯罪接受调查讯问过程中会暴露出一种与平时完全两种状态的、甚至令人吃惊的无赖行为,不懂道理、不讲规矩、不要尊严。这类犯罪嫌疑人的心理是一种扭曲的、畸形的、看破红尘式的、极端的利己主义所导致。

应对策略 义正词严地坚决予以揭露、驳斥、训诫式的严肃教育,剥下其伪装的"假面具",特别是要注意在一开始就要制止其坐姿不端、随意抽烟、出言不逊的藐视心态和挑衅行为,震撼其的心理定势,针对其具有的极端的私利心态,以其最担心的利益损失来进行强势的心理攻击,促使其心理出现不稳定的状态,牵住其的鼻子走。

9.6.1.21 "死猪"心理

犯罪嫌疑人非常明白自己犯罪问题的严重性,但又没有任何可以自我解脱、逃避追究的办法,担心越描越黑、越弄越难以收场,于是干脆"装死",这类犯罪嫌疑人一般头脑比较简单、愚昧,出身低微,文化不高,其内在是"伸头一刀、缩头一刀",横倒在地、听凭发落、任人宰割的消极、被动的无奈心理,当然,其一般还具有一定的伺机反扑、以守为攻、无理狡辩、"咸鱼翻身"的期望心理。

应对策略 注意采取感化的方法进行开导教育,以与其同类或相似的案例进行耐心、仔细的讲解分析,促使其产生"认同感"、"对照感"的心理,清晰明白地告知其不同的态度必定获得不同的结果,渲染其可能获得哪种处理结果的后果,以其产生"畏惧感",

再以其的切身利益危机为突破口,让"死猪"心理有所触动变化、有动于衷。

9.6.1.22　幻想心理

犯罪嫌疑人面对接受调查讯问局面,常常表现出的是一种"心不在焉"、"王顾左右而言他"的状态,这类犯罪嫌疑人当时的主要注意力不是在接受调查讯问的对策方面,而是更多的是幻想自己期望的局面的出现,如侦查机关没有全面的证据,到时只能不了了之;有关同伙没有供出自己,侦查机关只是在试探自己;自己的关系网一定在"营救"自己,等等,其表现出的是一种比较天真、幼稚、"画饼充饥"式的、脱离实际的空想心理。

应对策略　以连续的、与对象切身利益有关的发问把对象的注意力拉到现实环境中来,打破其幻想的心理定势,分析其涉嫌犯罪事实的客观性、危害性、严重性,迫使其认真考虑自己的问题,促使其产生"现实性"、"危机感"的心理,以正视面临的现实和后果,对其的各种想入非非的、不切合实际的心理、念头和期望坚决予以堵死。

9.6.1.23　自欺心理

犯罪嫌疑人通常表现的不是抗拒交代,而是以"张冠李戴"来掩盖涉嫌犯罪事实,其把东边的事实说成是西边的事实,把张三的事实说成是李四的事实,妄图使侦查人员查无实据、证据失效,从而逃避追究。这类犯罪嫌疑人一般具有思路开拓而心胸狭窄、能说会道而心理阴暗、表面顺从配合而实质抗拒抵制、自我保护意识特别强的心理状态。

应对策略　侦查人员对其的交代无法确定真假的情况下,千万不要喜形于色、随便表态(肯定或否定),千万不要急于追求细节而疏忽"主干",而可以责令对象把主要的事实、犯罪大致的金额作初步(过早追问枝节会影响对象对主要问题的顺畅吐露)的交代,讲彻底、讲清楚,以使对象产生"捉摸不透"、"黔驴技穷"、"越抹越黑"的心理,迫使其只得老老实实交代,没有别的道路。

然后进行一定程序的甄别,在查证属实的情况下,可以向对象表明态度,予以肯定或者否定。

9.6.1.24　"爬杆"心理

犯罪嫌疑人采取的是一种"智能抵抗"的手段,其知道"硬抵抗"可能无法奏效,于是采用"软抵抗"的方法,侦查人员责令其交代问题,他表示"驯服",于是在揣摩侦查人员心态的过程中不断"交代"出侦查人员所期望的"犯罪事实"来,实际其所"交代"的都是杜撰瞎编的,以讨取侦查人员一时的欢心与满足,而掩盖了其真正的犯罪事实。这种抗拒是反侦查中比较具有"智能"的,会导致侦查人员调查走入歧途,徒劳无功而返,而犯罪嫌疑人则可"金蝉脱壳"、"化险为夷"。这类犯罪嫌疑人一般具有同侦查人员打交道的经验或经历,能够掌握对手的心态而以守为攻,变被动为主动,善于思考谋划,有时也会异想天开,其心理特征是诡秘、多疑、深虑、思路奇异而目光短浅。

应对策略　要注意对象交代的客观性、真实性、自然性,凡是对象明显是在编造虚假事实、讲假话的,其一定具有不断观察、揣摩、讨好的不自然神态,其一定具有陈述异常清晰、顺溜的反常特征,也一定具有挂一漏万、存在矛盾的漏洞,所以要特别注意以一些特定的细节来检验其交代内容的真实性,及时识破和制止对象的诡秘伎俩。发现对象有"编供"、"假供"的苗子时,一定要义正词严地进行揭露和制止,让其的阴暗、诡秘的心理暴露在光天化日之下,根本动摇其的心理定势。

9.6.1.25　伺机心理

犯罪嫌疑人知道自己涉及的问题比较多,千方百计想了解侦查机关具体掌握了多少,"投石问路"是其常规手法,在没有把握之前绝对不会主动作彻底的交代,于是侦查人员的言谈举止、甚至每一句话、每一个动作、每一个眼神都成为其观察、琢磨的对象,直到其认为摸清了具体的情况后才决定如何交代、交代多少,其目的是掩盖一切可以掩盖的犯罪事实,只是交代无法规避的犯罪事实,没有办法的情况下便"丢卒保车"。这类犯罪嫌疑人一般具有极端的私利、诡计多端、计较得失、不甘心吃亏的心理特征。

应对策略　侦查人员要表现出胸有成竹、不急不躁、沉着冷静的良好精神状态,对犯罪嫌疑人要不断给予压力,给对象一种"只有彻底交代才是唯一出路"的心理暗示。注意不要在条件不成熟的情况下出示证据,不讲没有把握的话,不作任何许愿,要使其真正明白,其面前的道路只有一条,那就是彻底交代问题。

9.6.2　供述心理

9.6.2.1　良心的自我发现

一些犯罪嫌疑人由于长期受到组织的教育和监督,心理内在深处的是非观念还是存在的,但在特定的环节中因为一念之差实施了犯罪的行为,嗣后反而日渐深感压力深重、难以自拔,最终受不了良心的煎熬,采取一吐为快、彻底交代的行为进行心理上的自我解脱和压力的释放,这类情况一般主动向组织或司法机关自首坦白的比较多见,也要的是经过稍微的触动便彻底交代。这类犯罪嫌疑人的心理通常具有善良、果敢、热情、自责、易怒的特征。

9.6.2.2　负罪心理日益增长

一些犯罪嫌疑人由于长期处在比较正统的生活、工作环境中,包括部队、学校、家庭的良好教育和熏陶,其中一般还具有获得过各种荣誉的经历,有担任一定领导工作的经历,长期以来对犯罪具有一定的鄙视、抵制、排斥的约束力,但是在市场经济的新的情况下,有些界限分不清了,一些追求变化了,如以前追求荣誉、现在追求实惠了,在特定的情况下也涉及了不法的敛财的行为,主要表现是利用职权为个人谋取了不法的利益,而且往往这种利益还是比较大的,但当一旦拥有后,反而坐卧不安,心理压力不断增强,内心深处存在着强烈的负罪感,甚至胆战心惊、惊恐万分,最终采取自首或坦白的途径进行解脱和自拔。这类犯罪嫌疑人心理通常孤僻、胆怯、疑虑、忸怩、仔细的特征。

9.6.2.3 同伙之间的反目成仇

一些犯罪嫌疑人进行职务犯罪胆大妄为、不计后果,主要表现是相互勾结、互相利用,他们的心理往往是肆无忌惮、无所不用其极,追求不法利益的最大化,在结伙的时候意图暴露明显,一般情况下不具有主动交代的可能性。但是,在利益分配不均或者具有其他因素反目成仇的基础,在司法机关进行施以压力的条件下,其中有一方一定会先行被迫交代,最后另一方也必定被迫交代,这也是心理学上著名的"囚徒困境"的必然效应。这类犯罪嫌疑人一般具有固执、叛逆、狭隘、揣摩、察言观色的心理特征。

9.6.2.4 作案漏洞的意外暴露

一些犯罪嫌疑人之所以最终能够交代涉嫌犯罪的问题,源于作案犯罪的漏洞暴露,无法逃脱罪责,这类对象性格比较粗犷,行为具有冲动的因素,行事前往往考虑不够周密,容易留下各种漏洞或痕迹,也有的是初次作案,手法不够老到,如涂改的凭证上所留下的笔迹、监守自盗的现场所留下的指纹、银行提款过程中所留下的录像;也有的是在接受调查时的编造过程中无法自圆其说产生矛盾而露出马脚等等,这种漏洞被发现、被抓住往往可以使犯罪嫌疑人的心理产生极度的慌乱,越编越乱、越说越乱,最终被迫如实交代问题。这类犯罪嫌疑人一般具有粗犷、冲动、简单、急躁、胆怯的心理特征。

9.6.2.5 政策法律的感召

一些犯罪嫌疑人的作案犯罪具有一定的偶然性、误认性、无知性,其内在的心理几乎是一种类似"无知者无畏"的愚昧、糊涂的状态,通过侦查人员的法律、政策、法理、形势的教育,头脑开始明白,心理开始动摇,往往能够在思想斗争、犹豫动摇的基础上如实交代自己的涉嫌犯罪的问题。这类犯罪嫌疑人一般具有依附、容纳、模仿、灵活、犹豫不定的心理特征。

9.6.2.6 人格力量的屈服

一些犯罪嫌疑人在接受调查、侦查讯问的过程中往往持有抵触的情绪,自我保护的意识比较强烈,抗拒交代的思想比较顽固,这些对象一般具有一定的资历和社会经验,生活阅历丰富,对通常的政策、法律教育具有抵制、排斥的心理,但是在侦查人员实事求是、人文关怀、大公无私、一丝不苟的精神触动、感染下,心理发生变化,自觉形秽,最终选择如实交代的道路。这类犯罪嫌疑人一般具有固执、顽劣、自负、排斥、迟缓的心理特征。

9.6.2.7　事实面前的无奈

一些犯罪嫌疑人属于"老奸巨猾"、"玩世不恭"的类型,具有"不到黄河心不死、不见棺材不落泪"的比较顽固的心理状态,一般不容易接受他人的观点,而具有强烈的排斥外来说教的意识,不碰得头破血流不肯低头认输。对此,侦查人员必须准备强有力的事实证据,充分揭露其制造假象、不能自圆其说、漏洞百出的矛盾,迫其在事实面前低下头来如实交代涉嫌犯罪的问题。这类犯罪嫌疑人一般具有"蜡烛"(不点不亮)、油滑、刁蛮、自私、欺软怕硬的心理特征。

9.6.2.8　证据被获的意外

一些犯罪嫌疑人由于百密一疏、疏忽大意,精心设计的掩盖措施失效,犯罪证据意外暴露,如窝藏的赃款被发现、赃款赃物遗失后被人捡到;记录犯罪事实的某些痕迹被发现;在不知情的情况下共同作案的人员向司法机关交代了犯罪事实等等,由于没有充分的思想准备和心理准备,在证据面前无所适从,惴惴不安,心理必定脆弱到极点,在事实证据的压力之下很快便俯首听命。这类犯罪嫌疑人一般具有狡诈、自私、浮躁、自信、诡秘的心理特征。

9.6.2.9　关系人员的牵连

一些犯罪嫌疑人自以为防范犯罪暴露的手段很高明,思想上、心理上作了充分的准备,特别是与相关的关系人员也进行了关照甚至订立了攻守同盟,以为可以万无一失了。然而,侦查实践的事实证明,再牢固的"攻守同盟"因为是建立在既得利益之上,绝对不可能是铁板一块,这些"关系人员"一旦被先期突破,往往出乎犯罪嫌疑人的意料,原来的期望被打破,心理防线产生了裂痕,在"兵临城下"、无可奈何的情况下很快能够转变态度,"识时务"而进行交代。这类犯罪嫌疑人一般具有妄想、机敏、轻信、自负、私利的心理特征。

9.6.2.10　亲属家人的规劝

一些犯罪嫌疑人作案后形成一定的心理压力,而且在特定的环境中(如家庭中、好友圈子中)有所表现,引起家属或者亲友的重视,具有正义感、是非观的家属、亲友以亲情、感情进行分析、开导、规劝,常常还给予一定的安慰或者压力,这种特殊情况下的行为会使这类犯罪嫌疑人的心理进行良性的转变,在此基础上其所作的交代往往是比较主动和彻底的。这类犯罪嫌疑人一般具有胆怯、内向、善良、仔细、计较的心理特征。

9.6.2.11　宗教精神的促使

一些犯罪嫌疑人信奉宗教,有的具有比较长的时间、比较长的期限,而更多的是作案以后担心案发,便"临时抱佛脚"以求"逢凶化吉"、"菩萨保佑"、"躲过一劫"。这类犯罪嫌疑人的心理表现是一种脆弱、无望、失落、孤独、无奈,对宗教实际上是处于一知半解的程度,在宗教"因果报应"、"恶行报应"的理念面前会产生的强大的心理压力,侦查人员可以"以其人之道还治其人之身",以佛教的"行善"、"积德"、"十戒"、"觉悟"等理念,促使其领悟和抓住"回头是岸"、"脱离苦海"的救命稻草,以彻底交代以求解脱和改邪归正。

9.6.2.12　无路可走的选择

一些犯罪嫌疑人作案被发现或被怀疑以后采取的是脱离现实的"三十六计走为上"的逃跑方法,一般这类犯罪嫌疑人的心理承受能力是比较弱的,自己也知道是抵挡不住案发被追究的现实的,于是常常是在慌乱之中采取这种下策,但在负案潜逃的过程中又始终处在"惶惶不可终日"在景况中,其心理的压力可以达到接近崩溃的地步,而且潜逃的时间越长这种心理的煎熬越严重,这时特定的人员进行一定的规劝,或者营造一种"兵临城下、无路可走"的态势,最直接的是予以捕获,这种情况下犯罪嫌疑人的交代一定是比较彻底的,而且其心理反而是调整到了比较稳定的状态,因为,结果的确定(被处理的可能结果)比结果的不确定(究竟哪天被抓住)其心理压力要小得多,其明知该结果逃不脱,而主动去迎接这种结果的到来,这对负案潜逃的犯罪嫌疑人而言,恰恰是一种最好的、彻底的解脱。这类犯罪嫌疑人的心理特征一般有:紧张、敏感、排斥、脆弱、念旧的特征。

9.6.2.13　鲁莽豪爽的义气

一些犯罪嫌疑人由于文化程度、社会经历、家庭环境的局限性,往往表现出的是无所畏惧、大义凛然的表面现象。在受到调查时容易出现大包大揽的情况,以显示自己所谓的"敢作敢为"、"英雄气概",但实际是这类犯罪嫌疑人的性格极为脆弱,讯问人员只要进行对象之间既得利益的揭露,其一旦发现受到同伙玩弄、欺骗或被利用便马上反戈一击、彻底摊牌,并且能够积极配合为突破全部案件而将功补过或邀功请赏。其一般具有头脑简单、性格冲动、义气鲁莽、标新立异、转变迅速的心理的特征。

9.6.2.14　同盟的土崩瓦解

一些犯罪嫌疑人具有比较自信的心理,因为职务犯罪的特点往往是从作案的预备到开始到完毕都一直周密地采取防止暴露的措施,特别是有所惊动、受到触动、得到风声后会进一步采取防范的措施,特别是统一口径、建立攻守同盟等,妄图以牢固的防线来抵制犯罪问题的暴露。然而,一旦涉嫌犯罪的相关人员被分别讯问时,一定会发生相互猜疑、相互出卖的情况,最顽固的首要分子在这种形势下最终也会作被迫的交代以求得有限的主动。这类犯罪嫌疑人一般具有自负、自私、谨慎、仔细、狐疑的心理特征。

9.6.2.15　规避的弄巧成拙

一些犯罪嫌疑人具有"做贼心虚"的恐惧心理,自己对最担心、最敏感、最薄弱的问题控制得最严,抵御力最强,千方百计回避、规避或者躲闪,然而其因此所暴露的恰恰是问题的关键所在、是"致命伤"。如侦查人员责令犯罪嫌疑人交代与哪些业务关系人员有联系,犯罪嫌疑人往往会提供一批所谓"有联系"的有关人员的名单,侦查人员可以注意,其中肯定不会有与其存在不正当(如行贿受贿关系)的当事人,即"此地无银三百两"也;也有的犯罪嫌疑人用笔迹、墨水完全一致(明显显示这种账目是新近重新做的)的账目来表明自己的账目没有问题;还有的以伪造的凭证用茶叶水浸泡过又烘干来表示是"原始凭证",诸如此类都是弄巧成拙的集大成者,这类情况一经揭露犯罪嫌疑人必定瞠目结舌,然后必摊牌缴械。这类犯罪嫌疑人一般具有敏感、狐疑、胆怯、狭隘、耍小聪明的心理特征。

9.6.2.16 绝望的现实面前

一些犯罪嫌疑人因为涉嫌犯罪而导致家庭的重大变化,如老人遭受不了巨大的打击而去世;妻子因为受不了巨大的压力而提出离婚或出走;孩子因为没有经受巨大变故的经验而学习成绩急剧下降等等,特别是犯罪嫌疑人经历了巨大的落差后身体出现了严重的疾病、甚至患上不治之症,在这种情况下,侦查人员能够进行人文关怀和人道主义对待,犯罪嫌疑人的心理往往会从绝望中回到现实中来,有的会放下包袱作彻底的配合交代。这类犯罪嫌疑人一般具有自闭、脆弱、自负、清高、孤独的心理特征。

9.6.2.17 精力的无法支撑

一些犯罪嫌疑人主观上死抱着硬顶的态度,但由于在法定的讯问时间内,连续的、强有力的讯问,其竭尽全力企图要把自己犯罪的事实掩盖掉、千方百计欲表现"自圆其说",必定导致其思想上、意志上、心理上、体力上的力不从心、难以招架,一般在经过了数个回合以后,迫于自身内在的原因而产生的期望早点解脱的心理,最终作出犯罪问题的交代。这类犯罪嫌疑人一般具有胆怯、犹豫、反复、依赖、僵化的心理特征。

9.6.2.18 被关押的恐惧心态

一些犯罪嫌疑人(一般多见的是涉嫌犯罪问题不是特别严重

的或女性犯罪嫌疑人)对关押存在着严重的恐惧心理,因为一般情况下,职务犯罪的嫌疑人案发前的日常生活、工作环境及活动质量都是比较优越的,一旦关押,其将立即失去尊严与自由,从有职、有权、有钱到身陷囹圄,这个落差具有天壤之别,也必定是令其畏惧的。因此,在面临关押与不予关押的选择过程中,这类犯罪嫌疑人往往会选择如实交代而争取不予关押的对待。这类犯罪嫌疑人一般具有虚荣、张狂、胆怯、外强中干、欺软怕硬的心理特征。

9.6.2.19　受到诚信的触动

一些犯罪嫌疑人对侦查人员具有一种本能的敌对、抵触、排斥的心理表现,通常将侦查人员的"正话"进行"反听",持不信任、不相信、不理会的态度。但是,侦查人员的谈话规劝能够开诚布公、推心置腹而充满诚信,犯罪嫌疑人往往能被触动、感化而接受,其一旦认准是可信的、实在的、中肯的,其经过反复权衡后会作出问题的交代。这类犯罪嫌疑人一般具有:趋利、疑虑、迟缓、反复、观望的心理特征。

9.6.2.20　不法行为的得逞

个别犯罪嫌疑人采取拉拢腐蚀的手法,私下与个别侦查人员进行利益的交易,许诺提供某些物质利益来获取其个人逃避或者减轻处罚的利益,为使个别侦查人员能够"交差",犯罪嫌疑人也会作出一些犯罪问题的"交代"。当然,这种交代肯定是避重就轻、丢卒保车、以假乱真式的。这类犯罪嫌疑人一般具有顽固、奸诈、狡猾、伪装、个人利益至上的心理特征。

9.6.3　极端心理

9.6.3.1　无地自容

这类犯罪嫌疑人心理一般具有虚荣、孤傲、内向的特点,由于犯罪,顷刻间从较高的地位、显赫的声望跌落至犯罪分子的地步,失去了自由,失去了尊严,无法面对现实,无法面对未来,感到无脸见人,于是突然对生活丧失了信心。

应对策略　正面开导,剖析根源,循循善诱,生活照顾。

9.6.3.2　无法解脱

这类犯罪嫌疑人心理一般具有自闭、孤独、狭隘的特点,犯罪后果及不良影响形成的压力成为思想上沉重的包袱,对国家造成的危害,对家庭造成的损害无法弥补,且一直萦绕在心头而无法解脱,丧失了继续生存的勇气。

应对策略　松弛气氛,创造条件,指明方向,将功补过。

9.6.3.3　无法承受

这类犯罪嫌疑人心理一般具有胆怯、犹豫、自卑的特点,由于涉及的问题严重、复杂,而且牵涉到的面比较宽,侦查人员又紧逼不放,然而一旦彻底交代将无法面对众多的受牵连者的指责,双重压力无法承受,采取逃避的方式。

应对策略　利弊分析,消除包袱,激起良知,悔过自新。

9.6.3.4　畏惧后果

这类犯罪嫌疑人心理一般具有抑郁、恐惧、妄想的特点,十分害怕刑事惩罚的结果,恐惧"吃官司"的压力骤增,怕判刑,怕坐牢,怕成为失去自由的囚徒,为逃避这种结果在自己身上的出现,采取自绝的方式。

应对策略　分析法理,排除妄想,回归现实,建立信心。

9.6.3.5　畏惧现实

这类犯罪嫌疑人心理一般具有活泼、张扬、外向的特点,一天天的关押、一次次的提审,天天面对铁窗、手铐,活动的范围十分有限,心理十分压抑,感到无法继续这种现实,为避免心中的煎熬,采取走极端的方式。

应对策略　增加提审,沟通思想,启发引导,看到希望。

9.6.3.6　畏惧对手

这类犯罪嫌疑人心理一般具有自责、畏缩、摇摆的特点,想隐瞒事实真相,然而又无法面对侦查人员步步紧逼、决不罢休的讯问,心里出现了无法招架的心态,害怕与强悍的对手打交道,产生一了百了的决心。

应对策略　软硬兼施,攻守交替,感化感召,肯定进步。

9.6.3.7　内外交困

这类犯罪嫌疑人心理一般具有粗犷、急躁、波动的特点,给单位造成了极大的损失、极坏的影响,被"千夫所指";家庭因为自己的案发,财产被扣押,家属如何生活难以想象,家属甚至提出离婚,面临家庭的解体、妻离子散而产生绝望的心理。

应对策略　功过分明,耐心指引,家属配合,事半功倍。

9.6.3.8　内在失控

这类犯罪嫌疑人心理一般具有冲动、固执、起伏的特点,容易出尔反尔,自我感到后悔万分,由于一时的冲动、激动、失控,交代了犯罪事实,事后感到后怕,压力越发增加,无法解释自己的行为,采取自绝的自我惩罚方式。

应对策略　打消幻想,阐明是非,揭露根源,鼓励自新。

9.6.3.9　内心自责

这类犯罪嫌疑人心理一般具有脆弱、自责、畏罪的特点,在法律政策的震慑作用下,对自己犯罪的行为和结果,产生严重的负罪感,内心的自责压力日趋增长,自我感到没有挽回的机会和可能,以结束生命进行了结。

应对策略　案例对照,责任分清,创造条件,回头是岸。

9.6.3.10　心态厌世

这类犯罪嫌疑人心理一般具有冷漠、自私、孤僻的特点,面临矛盾激化、四面楚歌,局面无法收拾,特别是自己的问题性质严重,难以自拔,深感身心疲惫,加之病痛折磨,难以治愈,对一切失去了兴趣和留恋,产生绝望的念头。

应对策略　和风细雨,人文关怀,跟踪思想,渲染光明。

9.6.3.11　心态抑郁

这类犯罪嫌疑人心理一般具有自闭、抑郁、孤独的特点,对任何事情提不起兴趣,常常感到"天旋地转"难以面对,犯罪的阴影一直萦绕在脑子里,长期以来郁郁寡欢、极不得志,缺乏亲情、友情、恋情,面临被刑事惩罚的未来,产生逃避的方式,一了百了。

应对策略　谈天说地,转移压力,亲情感化,治疗心病。

9.6.3.12　性格偏执

这类犯罪嫌疑人心理一般具有骄纵、冲动、顽固的特点,对进入司法程序被追究刑事责任,缺乏思想准备,极力表示自己的强烈不满,表示自己的抗议,表示自己的冤屈,表示自己的清白,在没有其他途径可行的情况下,产生极端的方式"以死抗争"。

应对策略　法律教育,迫其冷静,宽严相济,回归本性。

9.6.3.13　性格强迫

这类犯罪嫌疑人心理一般具有私利、极端、偏执的特点,对自己的犯罪问题存在错误的认识,归罪客观,以为受到了迫害,受到了不公正的对待,产生强烈的报复意识、同归于尽的意识,以挑起重大的事端、以身试法的方式了结自我。

应对策略　入情入理,客观分析,明辨是非,启发悔意。

9.6.3.14　性格自闭

这类犯罪嫌疑人心理一般具有自闭、自卑、自责的特点,平时不善于与人进行沟通,也没有人可以进行沟通,面对难以把握的必须承担的犯罪的后果,找不到一条自己认为可行的道路,以"自尽"为自己最好的结果方式。

应对策略　疏通为主,心结吐露,感情融入,松紧适度。

9.6.3.15　宗教迷惑

这类犯罪嫌疑人心理一般具有幻想、固执、排斥的特点,犯罪问题被暴露后,感到"上帝"、"菩萨"、"真主"也救不了自己,产生了绝望的念头,向往所谓的"天堂",幻想脱离烦嚣的人世间到"天堂"的极乐世界去超凡脱俗。

应对策略　破其幻想,拨开迷雾,顺其所思,以毒攻毒。

9.6.3.16 报复陷害

这类犯罪嫌疑人心理一般具有狂妄、阴暗、失落的特点,犯罪嫌疑人具有强烈的对抗情绪、敌对意识,在自己面临无法逃避严厉惩罚的情况下,心存不甘,滋生报复陷害的意识,以自己的极端行为的后果,期望查办自己案件的侦查机关、有关侦查人员来承担责任、受到追究,"临死也拖个垫背的"。

应对策略 义正词严,严密控制,不卑不亢,揭露帮助。

9.7 侦查主体心理

侦查人员根据案件当事人的心理活动的特征,选择采取具有针对性的对应(侦查或调查)的行为,从而有利突破案件的科学。侦查心理的综合表现:①侦查行为的主观能动性;②讯问行为的主观能动性;③主体心理的主观能动性。

9.7.1 侦查讯问心理

侦查人员在讯问活动中对犯罪嫌疑人的行为进行分析和研究,探索其在讯问活动中各种行为产生的心理依据和心理特点(倒推法)

使讯问人员掌握讯问活动中由犯罪嫌疑人心理因素形成的特点和规律(顺序法):①制订针对个性心理的讯问方法;②调整有利行之有效的讯问方法;③转换各种消极因素为积极因素。

9.7.2 讯问主体心理

侦查讯问人员具有什么样的心理素质,持有什么样的心理状态进行讯问,这在讯问活动过程中具有决定性的关键作用,往往主导着讯问的走势和方向,重视讯问人员的心理状态,提高讯问人员的心理素质是一个十分重要的课题。

9.7.3 应当具备的心理

沉着冷静:不暴露自己个人的心态而包裹心理

庄重严肃:凛然的外在神情和规范的仪表仪态

老练沉稳:严谨的言谈举止和缜密的思维思考

集中细致:全神贯注及敏锐的观察力和反应力

多思勤奋:丰富的联想、合理的推理、高效的决断

独立自信:坚强的意志、坚定的信念、科学的慎独

全面客观:排除自己的主观偏见,力避先入为主

戒浮求实:不被表象假象所迷惑,坚持求真务实

去躁耐心:保持良好的心态,循循善诱、将心比心

敏捷自如:敏锐洞察、入木三分、不卑不亢、有涵养

9.7.4 应当克服的心理

底气不足:案件情况了解掌握得不到位

盲目自信:过份相信自己的经验和能力

刻意表现:参杂讯问者个人的私心杂念

心存芥蒂:对领导或同事的观点不认同

应付交差:缺乏足够信心,趋于表面文章

黔驴技穷:思路狭窄、心存胆怯、缺少办法

恼羞成怒:被对手牵住鼻子,无法掌握主动权

缺乏悟性:机械死板,缺乏针对性方法和措施

复习与作业要求:掌握犯罪嫌疑人在侦查过程中的各种心理反应

考核要点:分析掌握和利用犯罪嫌疑人心理的方式方法

辅助教学活动:研究实践中的案例

第 10 章　职务犯罪侦查安全防范

教学目的和要求:要求学生掌握侦查过程中的安全防范

教学重点和难点:安全防范的基本方法

教学方法与手段:案例研究及作业

10.1　安全防范的要求

10.1.1　安全防范的范围

(1) 外部防范:①环境(办案环境的安全性);②物品(危险物品的排除性);③措施(安全措施的周密性);④车辆(行驶过程的防范性);⑤设施(各类设施的无害性)。

(2) 内在防范:①思想(端正思想上的认识);②意识(保持意识上的警惕);③心理(矫正心理上的偏执);④经历(诱导经历上的自豪);⑤性格(坚定性格上的自信)。

10.1.2　安全问题的形成因素及提示

坚决有"自尽"意识的人是无法简单防范的,因为有自尽意识是长期积累与一时冲动的合成。大多数具有自尽意识的人出于一种冲动。这种冲动在压力骤然增强的情况下膨胀,冲动也是在一定抑郁基础积累上的总爆发。因此掌握心理定势与生活环境非常重要。检察机关侦查对象自尽事件是可以防范的。

10.2　安全防范的进行

10.2.1　安全防范的根本对策

（1）心灵上的开导是真正的入心入脑的开导。

（2）心理的防范是最直接最有效的主动防范。

（3）思想上、心理上的引导、制约、控制的防范。

（4）化被动防范为主动防范。

（5）根据不同的思想情绪、心理意识、行为方式进行针对性的防范。

10.2.2　安全防范的环节

（1）空间——讯问室大小。

（2）时间——白天或夜晚。

（3）地点——单位或检察院。

（4）措施——是否检查落实。

（5）人员——一般或特别。

（6）控制——严密或宽松。

10.2.3　安全防范的基本方法

（1）以揭示本质维护正义的理念来教育涉案人员。

（2）以尊重人格人文关怀的行为来取信涉案人员。

（3）以消除幻想明示利害的指引来启导涉案人员。

（4）以将心比心换位思考的理解来打动涉案人员。

（5）以义正词严不卑不亢的尊严来告诫涉案人员。

（6）以实事求是坦诚相见的帮助来关心涉案人员。

（7）以文明举止心灵触动的方法来赢得涉案人员。

10.3　安全防范的全面掌控

10.3.1　战略性的安全防范

（1）战略控制防范（总体把握）。

（2）整个侦查过程控制的要点在哪里。

10.3.2　战役性的安全防范

（1）战役控制防范（重点把握）。

（2）单个案件和人员控制的要点在哪里。

10.3.3　战术性的安全防范

（1）战术控制防范（细节把握）。

（2）哪时哪刻细节控制的要点在哪里。

10.4　安全防范的历史教训

（1）进厕所脱离视线。

（2）传唤后没有下文。

（3）加压后缺乏释放。

（4）相持间疏于防范。

（5）写交代无人监管。

（6）环境上弄假成真。

（7）放回后没有护送。

（8）心理上没有摸透。

（9）传唤时离开现场。

（10）方法上简单盲目。

（11）看管时丧失警惕。

（12）交替时界限不清。

复习与作业要求：要求掌握侦查过程中安全防范的重要性及方法

考核要点：侦查过程中安全防范的基本要求

辅助教学活动：研究实践中的案例

附录 职务犯罪典型案件侦查实例

实例之一 讲究策略 铸打铁案

上海某检察院于20世纪90年代侦破了车辆管理所副所长、某某考验场场长、一级警督齐某受贿数十万元的特大案件。

这起案件先是由其他检察院在侦查某机动车驾驶员培训部负责人陆某受贿案时,发现齐某有受贿问题而案发的。

齐某到案时,已知道检察机关逮捕了与其关系密切的陆某,便很快交代了陆某在办理培训驾驶员的收费中多收学员费用,自己从陆某处得到15 000元的犯罪事实。齐某自以为交代了15 000元就可以蒙混过关了,检察院一定让自己取保候审在外,然后再伺机找机会全盘翻供。不料检察机关认为齐某嫌疑没有完全排除,便决定将其拘留、逮捕了。这大大出乎齐某所料,于是便翻供称已将该款交给其单位的内勤用于职工福利了,自己没有私吞。经该检察院调查,齐某交钱确有其事,由于没有更多的线索和材料,一起群众反响大、颇具社会震动力的职务犯罪案件陷入了僵局。

不久,上级决定将齐某一案按照案件管辖的规定移送交警总队所在地检察院侦查。

面对这样一起已经其他检察院侦查,陷入僵局的"难案",反贪侦查人员不畏艰难,重起炉灶,在接手以后的预审阶段注意分析案情,讲究审讯策略,千方百计搜集证据,最终使这起立案时案值并不很大、且陷入僵局的司法人员职务犯罪案件发展为特大案件,由口供不稳定的案件变为铁证如山的案件。

(一)掌握犯罪嫌疑人心态 坚定侦破大要案信心

齐某一案发生翻供后,侦查人员对齐某的个人情况又作了认真分析,认为齐某在公安机关交警部门虽说职位不高,却掌握管理全市机动车驾驶员驾驶证和机动车车辆牌照的发放大权,具备着权钱交易的便利条件,这种条件其已充分利用,在其接受陆某 15 000 元之后是否还有更大的问题,疑点很大。

齐某到案后经反复权衡,试探性地交代了受贿 15 000 元的问题,有明显的丢卒保车之表现,当其发现自己并没有获得期望中的释放,相反被拘、被捕后,便自作聪明地又在赃款上路上翻供,这充分反映出这个曾经历过上山下乡磨炼,又从警二十五年、担任部门负责人多年、社会阅历丰富、交际广泛、熟悉公安机关工作的齐某具有很强的反侦查能力,绝不会轻易就范。

此案既要打攻坚战又要打持久战。通过初审摸清齐某的心态成为打攻坚战的第一步骤。反贪局长亲自上阵,部门负责人牵头,抽调多名擅长开展不同节奏审讯的侦查人员组成专案组,为打持久战作好了准备。

初审阶段,侦查人员在强化讯问的同时首先对齐某的基本情况再进一步地展开了必要的外围调查。

从交警总队的主要负责人和考验场有关人员处了解到,齐某原来表现确实不错,但在伸手向组织要官没有得到满足后,便放松了对自己的要求,要钱,要玩,要女人了,他不仅与一些不法商人交往甚密,常上酒家饭馆大吃大喝,还嫌自己妻子是个普通工人,"黄脸婆"带不出去,却经常驾着警车拉着情妇去外地游山玩水,同房奸宿。

特别是侦查人员还了解到,齐某在陆某被拘留和逮捕后,行踪反常,多次驾车夜间串通有关人员;他翻供的 15 000 元经其所在单位内勤和其他有关人员的回忆,在数量和时间上均不相吻合。

一系列外围情况的收集为初审确定了方向。

紧接着,反贪部门确定了新一轮的审讯策略:在审讯方法上避免单刀直入,注意旁敲侧击;控制审讯节奏,不急于求成;丝毫不暴露侦查人员已掌握的情况,着重摸清犯罪嫌疑人的心态。

第一次审讯持续了近七个小时。审讯中侦查人员坚持按原定策略避实就虚展开讯问。从当前的交通矛盾谈起,逐步深入到社会上的不正之风和车辆管理所内的办事作风问题,进而把话题转入到他所掌管的某些特批权上来。

当话题一进入到这方面,侦查人员的问话便软中带硬、咄咄逼人。

观其反应,齐某的表情渐渐开始紧张了,从一开始的应答如流逐渐变为长时间地沉思。

狡猾的齐某很快意识到这对其不利,一再想把话题转到他翻供的 15 000 元这一问题上来。

侦查人员故意不予理会,反复让他谈曾为哪些单位及个人解决过"难题"批过条。齐则装糊涂,不是表示说不清就是讲人名忘了,故意作回避。

第一次审讯侦查人员不仅成功地遏制了齐某翻供的嚣张气焰,更使侦查人员察觉到齐对 15 000 元之外的事有极强的防范心理和更重的心理压力。

第二次、第三次审讯,齐某想以攻为守,围绕 15 000 元问题纠缠不休,表面上承认对此款的处理有不符合规定之处,是错误的,实质上则否认自己的受贿故意,还不时地对"赃款已用于职工福利"的行为性质大做文章。

对此侦查人员不急不躁,既不暴露掌握的实情,也不去拆穿他在交款的时间和数额上的不实之处,只是作下详细记录。

而当侦查人员要他考虑其他问题时,他却装出一副委屈样子,也不顾平时很刻意保持的尊容,几番嚎啕大哭,信誓旦旦地表明自己是一名正直的警官。

齐某对自己的表演自以为得计,但他强烈的内心恐惧和极度不安的感情流露与其生活经历和身份的极不相称,已暴露出他的精神已经到了崩溃的边缘。

与此同时,侦查人员还注意收集齐某被审讯后的情况,从同监人犯处了解到,齐某在监房内时常向人打听检察机关的办案特点,有人曾告诉他:"两个月是期限,只要在这期间不交代,检察院是搞不下去的。"

还有个别监管人员以前得到过他的"关照",也安慰齐某:"你这算什么问题,检察院马上要放你的。"

甚至竟然还有人破例给齐某在监管场所带入了皮蛋、榨菜、肉松、酱油、糖果、花生米等消遣物品任其享用,齐某更是优哉游哉等着被放出去。

特别是齐某在案发的当口,得到某司法机关一干部的关照:一旦被检察机关传唤,轻易不要讲话,某检察机关什么地方装有隐蔽的摄像机,什么地方有录音机,特别还对齐讲,检察机关是"坦白从严,抗拒从宽"。

这些后来被侦查人员查获的事实,在当时确是促使齐某坚不吐实的一针强心剂。(该司法机关工作人员最后被法院以"泄露国家秘密罪"判处有期徒刑 4 年。)

齐某在被羁押将满两个月时,见检察机关没有抛出什么新的证据,他高兴得早早将衣物、被子等分送给同一监房的他人。

这些举动又从另一方面证实了齐某强烈的侥幸心理和顽固的抗审心理。

通过正面接触和侧面观察,侦查人员判断出齐某对 15 000 元翻供并非其真正的目的,而是想通过翻供达到一箭双雕。

一方面否定 15 000 元的犯罪事实,另一方面想转移侦查人员的视线,隐瞒更重要的问题。

正因为有了齐某过于做作的表演,使侦查人员对其的心理活动有了更多的了解和准确的判断,坚定了侦查人员全面侦破此案的信心。

(二)掌握一手材料 奠定审讯基础

在细致分析齐某的心理活动、掌握其真正用意的同时,第二步骤的工作紧紧跟上,加强外围调查工作,力争证实齐某是否有更大的犯罪问题。

这是能否突破全案的关键步骤,为此侦查人员提出了外围调查决不放过一条线索、一个疑点,不查个究竟不放手的工作要求。侦查的重点放在查齐某的"特批"、"交办"等有可能从中谋私的环节上。

侦查思路一经确定,侦查人员就逐一对齐某批条帮助解决的特殊办证户进行排队筛选。

功夫不负有心人,侦查人员终于发现某农资公司的经理郭某与齐某的关系十分密切,但直接找郭谈话显然不是上策,经研究决定,通过查验该公司的资金走向,来发现是否有不正常的支出。

果不出所料,经查发现该公司经理郭某曾提取过 10 万元送礼款,而恰在齐案发后又有做假账的问题。

为了使疑点成为铁证,侦查人员及时传唤了郭某。曾经担任市级某公司党委书记,自以为背景硬,地位高的郭某一开始根本没有将检察官放在眼里,但经过长时间对峙,对郭某真诚开导,晓以利害,使其最终采取了合作态度,交代了自己曾经托齐某帮忙解决学驾驶和选择吉祥车号牌过程中经齐某的暗示,而两次各送给齐某 5 万元的经过,同时又交代在 4 月初,齐某得知陆某被抓后,跟踪追击打电话同正在北京出差的郭某订立攻守同盟,之后又让齐某的亲戚写了两张共 10 万元的借条,将贿赂款充作借款的事实经过。

尽管掌握了齐某受贿 10 万元的证词,但侦查人员考虑到没有过硬的物证,一旦齐某矢口否认,反而暴露了底细,因此,没有急于提审他,而是将主要精力放在查找赃款的去向上。

通过分析,侦查人员认为齐某在案发前已得知风声,藏匿赃款的可能性较大。但齐某会把钱藏在什么地方呢?

通过提审平时同齐某交往甚密的陆某,了解到齐某同一个叫"莉莉"的女人关系暧昧,把许多事情都告诉她,但谈到该女人的真实姓名及工作单位时,陆某却说不上来。

为了查出这一重要人物,侦查人员从齐某的通讯录入手,仔细核查,又从市公安局核查口卡,通过对照有关特征,终于确认在某单位车管科工作的平某某就是侦查人员要找的"莉莉"。

侦查人员很快传唤了平某。经过数小时耐心细致的教育和针对女性心理的谈话,她终于提供了一个十分有价值的线索:齐某在案发前几天,得到了个别司法人员透露的内部消息,为了以防万一,在与平某约会时将一包东西交她保管,平某尽管不知包内是什么,但她从齐某的语气和眼神中看出这包东西的重要程度,为了安全起见,她匆匆将那包东西转移到安徽合肥其姐姐家中。

为防止情况有变,专案组的侦查人员连夜驱车千里,及时起获了隐藏物,发现包内有人民币存单数十万元,美元存单 7 000 元及一些贵重物品。

显然,一名拿工薪的、廉洁的国家工作人员是不可能有如此巨额钱款、财产的,何况又抢在案发前转移,这恰恰说明了齐某害怕被检察机关追究的心理,也进一步证明了齐某有重大经济犯罪的嫌疑。

人证、物证的取得,彻底击穿了齐某的谎言,也为以后的正面突破奠定了基础。

（三）掌握审讯主动权固定证据铸铁案

鉴于齐某这个特殊的对象,针对其具有较强的反侦查心理、抗审心理,侦查指挥员指定了周密的审讯方案。既要迫其开口又要防其翻供。

一是采用封闭的场所进行审讯,并将审讯地和对其的看管地合为一体,以此打乱齐某原来较为平衡的抗审心理。

二是在审讯方法上采取使用证据引而不发,审讯语气以强硬为主,在气势上压倒齐某。

三是在审讯室内安装监控设备,以视听资料固定言词证据,同时又能监视其审讯后的神态情况便于调整每一次的审讯方法。

齐某从看守所被带出来,他以为要被释放了,脸上露出了几分得意,但他万万没有想到,被侦查人员简短而严厉审讯后却戴上了戒具,押上警车,直驶反贪部门开始了封闭式的审讯。

齐某没得到自己期望的释放,相反被"升了格",更是摸不着头脑,乱了方寸,说起话来也结结巴巴。

即刻侦查人员抓住审讯的有利时机,趁热打铁,审讯节奏步步紧逼。审讯人员一改原先不入主题的讯问套路,针对牌照发放中的有关问题直接发问,并一针见血地剖析他侥幸、摸底、硬顶的心理,点穿他的矛盾和漏洞。

齐某在还没搞清怎么会被捉到这里来审讯的原因,又被突如其来的猛攻,使他失去了昔日在审讯中的傲气。他只能凭着几句遁词作无力的抵挡。

而侦查人员在气势上完全掌握了审讯的主动权。

第二天深夜,侦查人员从监控屏上看到齐某已坐卧不宁。审讯环境的改变,使其失去了众多的"参谋"。

只见他长时间呆呆地坐着叹气,有时又在房间里来来回回地踱步。一种焦虑不安的神态完全暴露出来了。侦查人员判断,齐某已到了山穷水尽的境地,离摊牌不远了。

此时无声胜有声,不作审讯胜过审讯。果不出所料,第三天上午,他主动要求会见侦查指挥员,提出了一个要求:"我交代后,可否从轻处理?"反贪部门领导再次向其阐明"坦白从宽"的政策,举出案例加以对照。

齐某终于开口了:"驾驶员培训部陆某给我的 15 000 元,我没有交给过内勤,确是个人拿进了,交给内勤的 15 000 元与此款无关。"齐某纠正了原来的翻供。

侦查人员要他再对其他问题作交代,他持久了好半天又交代了一笔利用牌照发放机会,收受港商万某送给的好处费 10 万元。

从他这种"挤牙膏式"的交代态度中,侦查人员感到齐某还有犹豫和幻想,必须把握好火候,不能让已开启的口舌再缩回去。

审讯再要加温,一方面正告他司法机关已掌握了他的全部犯罪事实,另一方面向他出示一些必要的证据,然后再对他讲:你有没有交代的诚意? 如果有,就先交代一个总数,看看你的诚意是真是假。

在强大的攻势下,齐某无奈地摇了摇头,不得不吐出了"数十万"这个几个月来紧紧地压在他心头的数字。

随后,又一笔一笔详细交代了自己利用发放机动车牌照和驾驶员证的职务便利进行受贿的经过,并交代了两个月来,抵抗审讯的原因和心态,对有关向其通风报信的司法人员的问题作了检举,对此,侦查人员作了详尽的笔录,使笔录与录音录像基本相吻合。

笔录、录音、录像三位一体,加强了证据的稳定性。

封闭式审讯解除后,齐某被还押于专门的羁押场所,一切又恢复了原样,齐某又想到了翻供,但这次翻供在有力的人证、物证及对应的音像资料前流产了。

12月6日,齐某因受贿罪被上海市中级人民法院判处有期徒刑15年,剥夺政治权利4年,没收财产3万元。

这是迄今为止(至当年)上海检察机关侦破的公安系统司法人员最大的一起利用职务之便收受贿赂受案。

实例之二　排漏查疑　深挖细究

在改革开放、市场经济的情况下,国有企业领导人员、管理人员中职务犯罪的问题也比较严重,如何及时发现疑点,固定证据,挖出隐藏在国有企业中的蛀虫,保障国有资产的安全是检察官们义不容辞的责任。

(一)国资流失严重引起各界反映

中国某大型国有企业集团总公司于20世纪90年代投资数亿元筹建的国际航运大厦是市重点工程项目,是国际航运中心的标志,它层高五十五层,是当时全市排名第三的超高层建筑。

但该工程自动工建设四年来,进展缓慢,诉讼不断,大量进口建材不符规格和质量标准,以至堆积报废,数千万元的国有资产白白流失,工期一拖再拖。四年多时间的工程量仅是原计划进度的三分之一。

问题的严重性引起了北京集团总公司领导的高度重视,要求深入调查,搞清问题;干部职工也纷纷举报,尖锐地指出,如此不正常现象的后面,必定隐藏着猖狂的经济犯罪。

（二）秘密审查,掌握基础材料

群众的义愤、期望,通过举报反映在反贪侦查人员的面前,保护国有资产是检察官义不容辞的职责。

但是愿望毕竟不是事实,怀疑不能替代证据。在修订后的《刑法》、《刑诉法》全面施行的情况下,必须用一种新的规范的思路和方法来进行职务犯罪的侦查。

反贪局领导统一认识,一致认为,首先要花力气在摸清工程基本情况的基础上,力争掌握犯罪嫌疑的第一手材料,要紧密依靠单位党委的支持,从而在此基础上扎实有序地深入开展侦查。反贪局分管领导多次同该集团党委、纪委联系,沟通情况,取得共识,并共同研究对策。

单位领导十分重视这一工作,专门成立了有纪检、审计、财务等专职干部参加的工作小组与反贪局协同作战。由于单位出面的便利,很快把该工程的所有资料集中了起来。

经检查、审计清理发现,该工程已投入 6 亿元,其中 4 千余万元去向不明,相当部分巨资没人监督被非法占用,有的明显已经无法追回,进一步引起了检企双方领导的关注。

（三）强调证据,围绕取证展开案前调查

在摸清了基本情况的基础上,侦查人员制定了周密规范的立案前的调查计划,目标十分明确,就是要设法获取能证实犯罪的证据。

局领导反复引导干警克服急躁情绪,纠正不断冒出的急于传唤、凭口供查证、拖时间拼体力,靠"运道"、凭"手气"办案的陈旧思想情绪,强调树立证据意识的重要性,并把主要力量集中在查获证据上。

通过反复调查,排列了众多与该工程有关联的单位和人员,逐个分析、了解,终于发现了有力的抓手。

该工程钢结构工程舍弃前来投标的国际名牌企业和国内知名企业不顾,而专门叫香港一私人小公司来承接,且在用材上偷梁换柱,高估冒算,未等钢结构工程结束,借口有矛盾捞了钱便返回香港了。

该香港公司同国航工程联络的有关人物也被查了出来,但其也已出境定居。侦查员们并不灰心,进一步了解到其患有癌症,有可能要回国治疗,于是及时布控。

果然其不久回国治病了。侦查员们获悉即上门取证,经过十几次,几十天的艰苦谈话,终于从其处了解到了初步的证据,有人在该公司领取挂名工资已经逾几万元,大家更是坚定了信心。

反贪局班子研究后,没有急于求成,急功近利,强调证据的再扩大,再固定。

一个个工程分析下来,又一疑点跳了出来,在高压电器设备中,有反常的迹象,整个合同谈判均单线联系,竞争招标有内外勾结现象。于是侦查人员多次去市郊该电器公司取证,但效果不如人愿,没有有价值的新证据。

(四)仔细分析,准确判断,选准突破口

在三个多月的案前调查基础上,局、科领导和办案骨干召开分析会,群策群力,统一思想后大家认为:

(1)现有证据虽较单薄,金额不大,但证实该工程的问题不是经验不足,责任心不强的问题,而确是经济犯罪。

(2)市郊一电器公司虽然没有提供有价值的证据,但也没有否认当中的问题,似有难言之隐。

(3)目标逐渐明确,问题较集中地反映在该工程总工程师、高级工程师、工程部经理,招标工作小组副组长张某经的身上。

围绕张某经的调查由外向里,由浅入深紧锣密鼓地展开了。

张某经,男,六十岁,具有高级职称,平时圆滑世故,十分贪婪,得知公司组织工作组对该工程进行调查,他一方面极力表白自己辛苦、有功,另一方面把自己的责任推得干干净净,不久干脆借口住进了医院,一住就是一个多月。

侦查人员没有因此耽误调查,通过走访医院了解其病史,证实其并没有实质性非住院不可的大病,那么,印证了侦查员们的判断,张实际上是"心病",侦查人员进一步研究、制定了突破张某经的计划。

临近春节,张某经终于出院了,他准备回家过节了。侦查人员何尝不想过节,但查办职务犯罪是反贪检察官的天职,煮熟的鸭子岂能让他飞了?

在作了详尽的部署后,反贪局领导认为时机已到,便果断决定正面接触张某经。

按照计划,公司纪委领导和反贪局领导交替对其进行严肃的谈话。

第一次见面,张某经的话比谁都多,唾沫四溅,十分嚣张。第二个回合,张某经称记性不好,脑子糊涂,记不起来了。第三次交锋,反贪局领导严肃指出其心理活动和心病,依据事实和证据,点穿了其利用职务之便,不仅仅是在一个地方拿钱(受贿),不仅仅是只拿过一次钱(贿金),并表明了检察机关一查到底的决心。

建立在扎实基础和证据基础上的谈话,显示了强有力的攻势,张某经受到了震惊,他开始冒汗、坐立不安,再次请求单位纪委领导到场,终于断断续续交代了在该工程招标过程中,六次收受、索取贿赂数 12 万元的问题。

在接触张某经的同时,侦查人员也顺利取回了市郊电器公司被张某经强行索取回扣 8 万元的证据,铁证如山!

案件全面突破未过一夜,仅仅用了 10 个小时。

（五）总结经验,扩大战果,讲究实效

立案以后反贪局侦查员一鼓作气继续扩大战果,进一步发展疑点,并竭尽全力多方位固定证据。

在上级检察机关的支持帮助下,基层检察机关侦查人员首次赴港调查取证,扩大了办案的侦查视野,掌握了更深的问题,获取了重要的犯罪证据。

在张某经受贿大案顺利侦查终结基础上,反贪局再接再厉,又先后侦破国际航运大厦总经理、某大型国有企业集团总公司副总经理乐某某(副局级)受贿案、国际航运大厦电器工程部电器工程师沈某某受贿大案。

此案侦破过程的主要经验体会是:

(1) 十分重视和强调初查,强化基础工作,计划、分析、判断必须建立在翔实,完整,扎实的基础工作上。

(2) 建立证据高于一切的观念,用证据来说话,来证实犯罪,特别强调证据的客观、详尽、复合,无法动摇。

（3）掌握多角度、多触点、多方法开展侦查,不单一走一条胡同,不在一棵树上吊死。

该工程中涉及的数起大案经移公诉部门起诉法院后,均一次通过,最终都作了实刑判决,这也充分证明这个案件的办案质量是比较高的。

侦查员还几次深入案发单位和案发现场作法治宣传,加强职务犯罪预防,企业管理规范化和经济形势明显好转,工程进度加快,管理趋向规范,该国有企业集团总公司领导对检察机关的工作给予了极高的评价,取得了较好的办案效果。

实例之三　　巧用谋略　　突破难案

某市陆上交通运输管理处正处级干部牛某涉嫌受贿案,经过近一个月的初查以后,被成功突破并依法立案,经过侦查,案件移送法院后,法院依法作出有罪判决。

牛某受贿案是某检察院反贪局在"大盖帽"单位侦破的第六十六件处以上领导干部犯罪要案。

由于"陆管处"的地位独特,职权广泛,牛某又在该行业担任实权领导多年,故该案在社会上引起震动,反响强烈,大家普遍认为惩治腐败,端正党风,就要从这类要案入手。

不少干部也从牛某一案中看到了当前反腐败斗争的长期性和艰巨性,深深感到在新形势下,一定要增强干部特别是领导干部防腐拒变的能力,要坚决惩治腐败,也为在执法部门深入开展查案奠定了基础。

（一）举报集中　　查处难度较大

该市陆上运输管理处是集全市货运车辆年度审批、决定发放新增货运车辆领照单、准运证、拟定全市新增货运车辆分配计划、指定车辆供应商、批准跨省市客运营运线路等权力为一体的行政执法部门。

举报称:市陆上运输管理处主管业务的副处长牛某有涉嫌利用职权收受贿赂

的问题。

上级院领导对该线索十分重视,专门作了批示:"对执法人员的犯罪要一查到底。"

举报涉及的部门特殊,正是当前查案的重点,被举报人的身份特殊,是执法单位中的主要领导,由于长期从事陆上运输管理的执法工作,其人头熟,关系多,影响大。

开展这类职务犯罪案件的调查工作要求很高,刚开始调查时困难较大。

一是举报涉及的问题不够具体,需大量的外围取证工作;

二是举报所涉及的单位系长期无案单位,单位行政一把手到任时间不长,内部情况还不太熟悉;

三是上级主管部门发生变化,由原所属的上海交通运输管理局改为直属上海市人民政府交通运输办公室领导,新的上级部门对该单位的情况掌握也不够全面;

四是举报所涉及的是利用职务为他人谋取利益,收受对方给予的贿赂,行、受贿双方是多年的"朋友",典型的"一对一"案件,特别是行贿方得到了既得利益,决不会轻易向检察机关如实提供情况。

(二)透析疑点　确定侦查方向

举报反映被举报人牛某为无业人员张某审批开办经营上海隆某汽车服务有限公司从事长途客运服务的执照和营运路线后,分别于收受张向其提供出境旅游费用以及在新居装修时收受海尔二匹空调机的情况。

举报内容虽较简单,但侦查人员从中看出了分量。决不能打无准备之仗,不仅凭感觉按传统模式开展查案。

侦查指挥决策人员决定,首先是认真分析本案的基本情况,被举报人牛某其分管陆管处客运科、专项科等部门的工作,身居要职,在该部门从事执法领导工作多年,有一定的阅历,社会关系多;

第二,行贿方由于牛某的长期关照,由无业人员成为"大老板",决不会"忘恩负义"。同时侦查人员又分析了查处该案的有利的抓手方面,牛和张,一个是正处级执法干部,一个是个体暴发户,长期称兄道弟,关系不正常;

第三,张某经营跨省市客运业务,没有经验,白手起家,但办一切手续十分畅通,经营以来效益比同类企业好得多,在竞争激烈的该行业中有反常迹象。

侦查人员统一思想后,迅速落实查案任务,侦查指挥决策人员要求以积极慎重的态度来对待这项查案工作,并专门指定有一定实践经验,突破能力较强的主办检察官着手开展外围调查工作。

（三）扎实初查　证据万无一失

侦查人员与该部门上级单位的纪委取得联系并达成共识后用缜密的手段和灵活的方法获取了三方面的证据:

一是秘密获取了被举报人牛某近年来出境旅游的有关资料,用以证明何时、何人为被举报人牛某申办出境手续以及付费结算情况;

二是秘密获取了出境旅游付费结算过程中,中间经手人的有关证言(因为出境游的手续是委托有关下属人员去办理的);

三是秘密获取了"新居"装潢中空调的牌号与举报相吻合的物证资料。

获取出境旅游的资料好比大海捞针,一是近年来出境旅游人数众多,其二沪上有上百家旅行社,调查上稍有疏忽就会留下难以弥补的遗憾。

因此,调查前先行将举报所涉及的利用办理出境旅游而收受好处模拟设定了被举报人可能使用的方法和途径,不放过细微的环节,使调查工作做到有的放矢。

按照模拟环节侦查人员数次到出入境管理处签证中心了解出境旅游的办证情况,同时寻访了在沪的几家有影响、有资质办理出境的旅行社,查遍了近年中出境旅游付款的结算凭证,终于在某国际旅行社发现了一张以上海隆某车辆服务公司为付款人而出境人为被举报人牛某的东南亚出境旅游数万 2 千元的退款凭证,又查实此款已被一位姓陶的人领取,大量的调查工作至少说明,行贿方曾为被举报人牛某赴东南亚旅游出资的情况属实,退款已被领取,付款正是同被举报人十分密切的长途营运私营业主张某,经进一步查证旅行社所退款项并未入该单位账。

侦查人员分析从这一笔旅游退款的情节可以看出牛某通过接受旅游的方式收受贿赂的迹象。

退款代领人陶某是什么身份十分重要,经口卡查明,陶某是被举报人的部下、亲信。显然被举报人委托陶代领退款的可能性大。至此,陶某成了此案的关键人物。

时间不容拖延,星期日,反贪局领导亲自接触陶某,3个小时的工作,终于获取了陶某受被举报人牛某委托代领了此款并交给了被举报人牛某的证据。

围绕旅游的外围取证工作做得比较仔细,侦查人员掌握了重要书证和其他间接证据。

要查明新居装潢中收受空调的问题,侦查人员作为第二个关键证据仍然仔细、扎实地进行。

经调查,被举报人牛某近年来并未分到或购买过"新居",侦查人员扩大视线,终于查明被举报人胞妹曾在同一时间购得新居一套,新居地址同举报信上反映一致,大家认为,以亲属的名义购买私房,更说明当中的问题。

为了证据的落实,侦查人员根据新居在六楼的情况,便攀登到附近楼房远距离实地察看,借助于高倍望远镜观察,掌握了被举报人牛某在其胞妹的"新居"安装的空调机型、品牌与举报信完全一致。

两个以上证据的到手,为此案的成功奠定了基础。

(四)欲擒故纵　巧用谋略破案

行贿方张某系劳改释放人员,长年混迹于十六铺码头搞个体运输,通过邻居介绍认识被举报人牛某以后得以开办了隆某汽车服务有限公司这一私人企业。

张某平时为人狡猾,曾经几进几出牢房,有同司法人员打交道的经历,故抗审能力较强,大有"死猪不怕开水烫"架势。

果然张某被传唤到案后,不出侦查人员所料,对事实全盘否认,将自己与被举报人牛某的交往说得轻描淡写,不要说出境旅游之事,就连以往陪同被举报人牛某去云南西双版纳旅游的费用也谎称是被举报人牛某个人自理的。

张某私下还口口声声称"我是不会出卖老牛的"。

不能让行贿人牵着鼻子走。由于初查材料翔实,心中底气足,侦查人员认真贯彻高检院九条规定,同时又为不失去有利战机,客观地向该单位上级纪委介绍了行贿人张某"保牛死顶"的情况。

为深入开展查案,要求取得支持配合,行贿方虽未开口,但被举报人牛某收受贿赂的重大疑点没有消除,翔实的证据材料得到该单位上级纪委组织的高度重视,纪委决定直接找被举报人牛某谈话调查。

被举报人牛某被找到了纪委的同时,在 12 小时内侦查人员"放走"了行贿人张某。

由于纪委的配合、支持,造成了行贿人与被举报人之间产生了一个时间差,没有让他们有串供的机会。

被举报人牛某对纪委的谈话感到意外,开始躲躲闪闪,再三表白自己的廉洁,貌似是一个廉洁典型而想蒙混过关,由于对被举报人牛某收受贿赂的事实有理分析和间接证据的印证,纪委心中有底,向被举报人牛某作了一系列发问:除了公务外是否有私人的护照? 有否客户为你提供出境费用? 你在没有出境的情况下所退款项谁去领的? 被举报人牛某对此一个紧一个的发问十分紧张,难以自圆其说,惊慌失措的第一特征已经呈现,开始了激烈的思想斗争。

这更坚定了侦查人员的信心,被举报人牛某被正式传唤后侦查人员巧妙发问"你知道张某在何处吗?"言轻语重,发问既客观,又不失时机,也正是被举报人牛某内心关切的一个问题,整个初查中合乎逻辑的分析和推理,适时而又击中要害的发问,使被举报人牛某预感到检察机关对这一情况已了如指掌,立即表示对不起组织,交代了以旅游名义收受贿赂的部分问题。

被举报人牛某的交代是对初查工作的有力印证,行贿方意图掩盖证据,侦查员并没有囿于行贿人的交代,而是主动出击。

审讯中被举报人牛某对新居装潢中收受空调一事,还抱有侥幸心理,认为此事无人知晓,居室又不以自己名义购买,故闭口不谈。

侦查人员再巧妙的发问,"你对进口、沪产空调都不感兴趣,倒是对外省市所产空调有兴趣?"被举报人牛某大惊失色,十分尴尬和被动,认为张某已全召无遗,心理防线彻底崩溃,又作了收受空调的交代。

（五）固定证据　力争快侦快结

对被举报人牛某讯问突破,被举报人牛某受贿案情的主线已明晰,虽然第一次传唤行贿人张某在 12 小时内无大结果,但行贿方内心的紧张也是难以掩饰的,并且会千方百计地寻找对策,为巩固证据,必须再次向行贿人张某取证。

时间已进入午夜时分,侦查人员不失时机再次出击,一个小时的路程,侦查人员发现,张某居室内还亮着灯火,他的几位朋友正同其商量着对策,侦查人员再度

"进宫",杀回马枪,行贿人张某顿时惊慌失措、目瞪口呆,几位朋友也纷纷感到情况不妙,悄悄溜走。

侦查人员严肃告诉张某作伪证的法律责任,张某呆了半天,一改原来傲慢的态度,要求检察机关重新给其机会,他无奈地说:"你们半夜再次赶来,意图我已清楚,肯定是老牛自己摊牌了,既然是这样,我作为朋友也对得起他了。"

本案的侦查,依据初查材料,精心研究,准确确定了侦查范围和突破方向,局领导在侦查指挥决策过程中及时果断正确决策,利用"捉放曹"的谋略做文章,打时间差,变被动为主动,在严格遵守传唤不得超过 12 小时的法律规定的条件下,使案件的侦查过程达到了事半功倍的效果,在结案过程中也体现了"快侦快结"的思路。

该案提前审结移送起诉,并很快被判决。被举报人牛某受贿案的侦破实例为今后侦查此类案件摸索了成功的经验和提供了借鉴。

实例之四　探索新路　攻克硬案

某市二级警督曾某受贿大案,是反贪局在修订后的《刑法》、《刑诉法》实施的情况下,尝试运用新的侦查思路和方法侦破的首件政法干警利用办案职权收受贿赂的案件。

在整个办案过程中,强调侦查的谋略和技巧,探索新的侦查路子,重在证据的收集和固定上下工夫,最终成功侦破此案,为今后这类案件的侦查,提供了一定的经验和借鉴。

（一）群情激愤　举报强烈

某年 3 月,一位外地农村打扮的人躲躲闪闪走进了检察院,他向检察官叙述了一件令人愤慨的事情。来人是江苏某地私营船民,其所在村的男女劳力主要从事内河航道的运输,船民中难免有鸡鸣狗盗之徒,故在多年与警方打交道的经历中,有了熟人、熟路子。

前不久,该村有数户船民偷盗运输途中的鱼粉,被水上公安局查处、关押。该案涉案人员的家属纷纷凑钱,通过与警察有"交情"的船民去疏通关节,以求放人。

不料在送出 12 万元现金后警察又放出口风："因作案人多,盗窃额大,要 24 万元方能解决。"

船民一下子谁也拿不出那么多钱,于是来个全村发动,户户集资,以凑足钱款去上海搞定警察,一时全村群情激愤,怨声载道,人心躁动,反映强烈。

会不会是有人假借公安民警的名义从中诈财? 举报人作了否定,他称曾随同乡送钱人到过曾姓警察的住所和办公室,自己虽等在门口,但看到进去装着几万元的袋子,出来时空了。

该民警还在办公室给送钱人看了盗鱼粉的卷宗材料,表白了把有关船民盗窃金额减少的"功劳"。

不久,人还真的被放了出来……真有此事!

在法律不断完善的国际大都市上海,岂有此理?!

(二)冷静思考　周密部署

此线索引起了领导的重视。强烈的义愤,不能代替理智的思考,冷静下来,反贪局班子进行了认真的研究和周密的部署。

不打无准备的仗,不凭感觉办案,是学习贯彻修改后的《刑法》《刑诉法》后反贪干警形成的共识。

局领导确定专人调查,先把被举报人的基本面目勾勒出来。

被举报人曾某,四十六岁,首先,他是长期搞刑案的侦查人员,熟悉侦查手段并具有反侦查的经验。其次,曾某当过兵,入党多年,从公安侦查员干起,现任预审科长,二级警督,有一定的阅历和社会关系。第三,其患有不治之症,疾病严重,正在家休养,具有横下心来,死猪不怕开水烫的"死顶"心理基础。

对这种具有复杂情况和特殊身份的对象,局领导头脑清醒,部署制定了以证据为中心展开调查的计划,主要内容为围绕这个特殊目标,集中主要骨干力量,用十分缜密的手段,采用灵活的方法,调查获取三个方面的证据:

(1)获取目标的主体资格证据。鉴于受案初期材料尚不充分,过早同单位联系易出现种种弊端和被动,侦查人员便利用与水上公安局某水上派出所领导关系较熟的条件,侧面掌握了对象的职务,职责范围的情况,确认其职务同案件有直接关联。

（2）获取目标的有关书证，即其经办鱼粉偷盗案的卷宗材料。利用水上公安局报捕案件均由本院受理的条件，以案件复查为由，顺利调取了该卷宗，并从中发现其徇私舞弊的痕迹。

（3）获取目标涉嫌受贿犯罪的直接证据，即查明行贿嫌疑人、介绍贿赂嫌疑人和其他证人的证词。

前两个方面的证据，如期获取，第三个方面证据采获具有相当难度。

（三）讲究谋略　里应外合

涉案行贿犯罪的嫌疑人及知情人、证人均系流动性很大的船民，平时居无定所，以船为家，且有一旦受惊即驾驶船只至偏远水道一躲数月的惯例。同时，侦查人员掌握到，船民中有一定的黑恶势力，公开取证，知情人、证人怕受威胁、报复，难以如实举证，按常规无法达到目的。

讲究侦查谋略，提高侦查水平，是新形势下办案的关键点。鉴于直接证人人多面宽，落脚点随船漂泊不定，行贿犯罪嫌疑人、介绍贿赂犯罪嫌疑人、一般证人、污点证人交织重叠，一时难以区分，如采用简单、单一的方法，达不到分化、争取和规范、文明办案的效果。

经反复研究、推敲，局领导果断制定了：物色内线，里应外合，确定重点，区别对待，互相印证，各个击破的侦查方针。

经了解，举报人尚未暴露举报行为，侦查人员设想由其来充当内线的角色。

侦查人员对其肯定了向政府举报腐败问题的正义行为，并承诺保护其人身安全和保护船民的合法权益，侦查人员为此专门指定专人与其保持联络，设想了不在检察院与其接触，必要时把其同其他行贿犯罪嫌疑人一并传来检察院，以假象来迷惑他人的保护性方法。

举报人对侦查人员诚恳的态度，周全的考虑十分感动，愿按检察机关的要求，进一步摸清侦查人员需要的情况。

在侦查人员的指导下，内线做了几个方面的工作：

（1）摸清了全村20余户船民集资20余万元交给行贿犯罪嫌疑人的情况；

（2）内线以不相信行贿犯罪嫌疑人真的把钱全部送掉为由，套取了行贿犯罪嫌疑人透露在医院送了2万元、在家里送了8万元的情况；

（3）详细掌握了行贿犯罪嫌疑人秘密纠集知情人统一口径,威胁他人不准透露消息的情况;

（4）做有关知情人的策动工作,争取其他证人主动向检察院提供情况;

（5）密切注视行贿犯罪嫌疑人、介绍贿赂嫌疑人和主要知情人的下落及到达上海各个港口的信息。

侦查人员还利用内线有录音功能手机的条件,对其中与行贿犯罪嫌疑人通话的关键内容做了录音储存。

一个多月的基础工作,获取直接证据的准备工作扎实、有序地层层深入,外围情况和间接证据不断充实完善,获取直接证据的条件日趋成熟。

（四）集中优势　全局行动

4月12日傍晚,内线传来消息,各类知情人因有运输任务,船均停靠上海有关的港口,但其中有一条船次日清晨即将驶离上海。

时间紧迫,考虑到侦查人员对各类知情人人头不熟,夜间辨认船只不便,易出现"动一个,惊一片"的复杂情况,为此,反贪局领导进一步研究、制定了可行的方法。

按反贪局领导的设想,内线提供了四个可靠的亲属、同乡暗中带路,指认。为了落实安全、文明办案的规定,保证万无一失,还制定了根据不同对象,采用不同方法的措施,对车辆、手机、手电做了必要的准备。

要在法律规定的12小时内依法获取最佳效果,必须打破以往由一个科、一档、两档侦查组一竿子包办的习惯做法,尝试集中全局优势,分工负责,高效率、高质量办案的途径。

全局连夜紧急动员,侦查指挥决策人员介绍案情,详细分析,明确分工,落实任务。

"零点行动"的详尽计划立即成为了每个参战侦查人员的具体行动。

11点30分,由三个侦查科抽调骨干组成的第一梯队侦查人员兵分四路在向导的带领下按计划出发。

20分钟后,各路纷纷报告,全部到达指定地点。

又过十分钟后,分管局长、指挥员一声令下,四路人马全面出动,将行贿犯罪嫌疑人吴某、介绍贿赂犯罪嫌疑人朱某带上了警车,同时分别争取了证人于某、于某某连同内线到检察院配合调查,提供证词。

（五）讲究策略　分化瓦解

全局集中第二梯队四档审讯骨干展开询问、谈话。

污点证人吴某、朱某依据多年来同司法人员打交道的"经验"和多次串通统一口径的准备,拒不交代。

侦查人员证据在手,引而不发。对证人于某、于某某,则侧重启发、教育,打消种种顾虑。

考虑半夜温度低,侦查人员及时送上大衣,倒上开水,"两于"感到不像有人曾威胁的那样"要蹲铁门小号"、"抱头下蹲",更没打骂,完全是坚持说理,耐心引导,心灵受到了震动,很快分别提供了各自参与集款,陪同送钱行贿的全部情况。

针对与侦查人员的询问相持不下的吴某、朱某,侦查人员故意隐约让他们听到侦查人员送一般证人回去的告别声,他们立即感到今天被传的不仅是自己一个人,攻守同盟已被瓦解,死顶毫无作用,被迫对行贿问题作了交代。

侦查员对船民集资款另外的去路层层紧逼追问下落,吴被迫又交代了私吞船民集资行贿款数万元的问题。

按规定,对犯罪嫌疑人、证人的询问过程作了全程录像。对行贿嫌疑人、介绍贿赂嫌疑人、一般证人、污点证人分别采取拘留、教育、送回的不同措施。

由于准备工作充分,询问对象区别不同情况采用不同的方法,对手对"零点行动"猝不及防,又及时瓦解了对象的顶牛心理和攻守同盟,达到证词互相印证,细节吻合,反复固定的效果,确保了证据的客观、充分。这一回合仅用8、9个小时便全面告捷。

（六）胸有成竹　手到擒来

有关二级警督曾某利用职权,在办案过程中徇私舞弊,受贿的书证、物证、人证及大量间接证据全部到位,形成了立体复合证据体系,此案的最后突破有了相当的把握。

如何最终突破犯罪嫌疑人曾某,设计了两套方案:

一是动员其争取主动,彻底坦白,根据其患病的具体情况,可以采取不予关押强制措施;

二是其如依仗反侦查经验,死顶到底,那么侦查人员手中的证据,足以对其刑事拘留,提请逮捕。

局领导经同水上公安局党委、纪委联系、交底,翔实的证据引起了该局领导的高度重视,积极配合我侦查人员责令曾某争取主动,作彻底坦白。

具有侦查经验也有反侦查意识的曾某开始本能地想作全盘否认,但侦查人员摆出了其作过手脚的偷盗鱼粉案卷宗,放出行贿人受询交代的无声图像仅几分钟,其像被电击了一般,乱了方寸,彻底瘫软了下来。

沉默、思想斗争了片刻,终于艰难地吐出一句:"我愿彻底摊牌,争取从宽处理……"

一个上午的时间,曾某供词到位,全案顺利告破。该案经起诉、审判,均一次通过,法院作了有罪判决。

实例之五　　完善证据　　以证制嫌

某年6月,群众举报某区工商行政管理局干部徐某在受理假冒伪劣产品案的查处过程中有侵吞被查对象暂扣款的嫌疑。

经初步调查的情况反映:某年9月,某省私营企业小刘瓜子厂厂长刘某向某区工商行政管理局有关部门举报某市私营食品有限公司业主施某销售假冒的"小刘瓜子"一事。

检查中队干部徐某受权查处该案,其在查案过程中,于10月下旬,以调解为由,向施某提出拿现金数万元作为让被侵权方息事宁人的条件。

因收款手续不规范加之施某对处理结果也不满,故向徐某要回此数万元,不成后逐向工商局纪委告发。

但徐某一方面向纪委称"数万元已作为赔偿款给了刘某",却同时迫不及待打电话要刘某帮忙,要刘向前来调查的人员作证,承认收到了此数万元。

自作聪敏的徐还雇人以刘某的名义伪造了一份收据交给工商行政管理局

纪委。

从初步调查的情况来看,此案的特点涉及的数额虽不很大,但性质恶劣。

犯罪嫌疑人徐某是一名行政执法人员,从事行政执法工作多年,有一定的资历和经验,他对自己的所为早有思想和心理上的准备,已进行了外围大量串供补洞活动。

特别是在被查前夕他感到情况不妙,抢先提出辞职并离岗,给侦查设置了障碍,也给取证工作也带来了困难和阻力。

侦查人员经分析认为,本案的关键是数万元钱徐某是否真的给了刘某?

在没有其他直接证据证实的情况下,侦查人员坚持从实际出发,抓住矛盾,全面客观地收集间接证据,多方取证,形成间接证据的锁链,终使得这一案件去伪存真,用证据制服嫌疑人。

（一）抓住矛盾　突出主线

徐某的贪污之嫌无法排除,进一步侦查要解决的问题是:

(1) 传唤徐某,力求正面突破;

(2) 以伪造刘某收条为切入口,引其继续编造故事,从中发现再生漏洞;

(3) 在其拒不如实供述的情况下,根据现有证据,拟对其采取刑事拘留的强制措施。

4月21日侦查人员果断传唤徐某,不出所料,徐到案后仍坚持原来在纪委的说法,拒不认账,又进一步补充说明了,该数万元是在某年11月18日携女友陈某在本市中山北路某饭店吃饭时给刘某的。

徐某可算是机关算尽,企图想以一定的场面和众目睽睽之下的特征来做掩饰。

对提供的申请"打假"报告和收到数万元款的收条,徐解释说成是他要刘某出具收条,再补写一份"打假报告"。

可刘某证实是要求徐某提供样本,逐传真给了刘的,至于收条刘辨认后作了坚决的否定,系他人伪造。

一个工商局专司检查职责的干部,自己发还款项竟自己伪造收条,显然是欲盖弥彰,自露马脚。

当然对手也不肯轻易投降,为了掩盖自己的问题,逃避惩罚,徐某拼命虚构情节,编造谎言。

正因为在嫌疑人的狡辩与证据之间,嫌疑人的反证与客观事实之间以及嫌疑人前后供述之间出现矛盾。

侦查人员就是抓住这些矛盾不放,不断地利用众多的矛盾而排除矛盾,最终发掘客观事实真相。

侦查人员分析了徐的两个方面主要矛盾:

其一是徐某谈到了将款给刘某时间与假冒当事人施某一再向徐催讨的时间上有矛盾;

其二是徐某讲到的在饭店桌面上当众人面给了刘某数万元与事实明显不一致。

（二）坚定信心　严查细访

犯罪嫌疑人徐某的口供与其他证据显然已愈加明显地出现了不相吻合的矛盾,这更坚定了侦查人员深查细究的信心。

侦查人员认为,就是徐某死不开口,也要用间接证据证实其贪污的问题。全面收集证据证实犯罪已越加必要,着重运用和收集间接证据成了此案证据的关键点。

侦查人员先查了:

一是证实徐某收下的数万元是否给了刘某?

二是假冒当事人施某在什么时间开始向徐某要回这数万元的?

连续几次审讯徐某都称数万元确实给了刘某,按徐某供词这数万元钱已于11月18日晚上在中山路某饭店给了刘某。

然而在11月18日之后直至12月初,春华食品有限公司业主施某在区工商局办公室干部李某的帮助下曾多次向徐某追讨于10月下旬交给徐某的数万元,而当时徐某一再表示数万元钱在他处,只是暂扣的,并表示愿在11月底还给施某。

李某的陈述证实了这段时间施某的催讨款情况和答应11月底还款的时间界定,同时也得到了施某证词的印证。

12月初,徐某被停职检查后,施某再次向徐某讨数万元时,徐改口称钱已面交给刘某了,进一步取证证实是刘某于11月18日晚离开上海后再未到过上海。

侦查人员三次去安徽合肥,向11月18日晚在饭店餐桌上的所有在场人员包括合肥工商局二名干部及合肥公安干警三人几次调查证实,在饭店吃饭时没看到徐某给过刘某钱款。

具有讽刺意味的是,经向徐某的女友陈某调查,陈因未得到徐的事先关照,竟也如实作了"从没听到、见到徐将钱还给了刘某"一事。

(三)扫清外围　堵住退路

从时间和空间上已有了有力的间接证据,但要形成环环相扣的锁链还有许多工作,还必须从徐某职责范围和对查案的处理程序上作进一步查证。

调查反映徐某在对暂扣款处理的手续上存在着矛盾,是违背职责要求的行为正是一种反常行为。侦查人员又对徐某在案发前的情况作了认真地研究,如果这笔款项收进来是完全正当的,为什么会在施的多次催讨的情况下徐某不出具书证给当事人?为什么徐收扣当事人款项一事,从未向局领导汇报?为什么徐收扣款项时单独一人行事?徐某对此无法作出解释。通过艰苦细致的调查取证,侦查员堵死了犯罪嫌疑人的退路。

在徐某拒不认罪的情况下,坚持审讯与取证同步进行,在整个侦查过程中先后向三十名有关的证人调查取证五十余次,审讯徐某十余次,获取了全部间接证据材料,正是这些证据材料揭示了徐某的贪污故意和侵吞事实。

侦破此案的过程就是用确凿充分的证据来揭示,证实案件事实与情节的过程,从某种意义上来讲是析疑、查疑、排疑、证实嫌疑的过程,案件的症结点找到了,一切矛盾迎刃而解,事实也就随之清楚,徐某对侵吞这一笔款项的问题虽死顶到底,终因有力证据而显得毫无作用,此案经检察院检察委员会和上级检察院检察委员会的讨论,一致认为徐某贪污犯罪嫌疑成立,证据确实、充分。

此案经过缜密、详尽的侦查,正确的推理,取得的大量间接证据,且互相印证,互不排斥、环环相扣,形成一条完整的锁链。最终徐某被法院判处有期徒刑5年。

实例之六　瓦解防线　智巧摧坚

一起干部群众长期举报、且影响恶劣、后果严重的职务犯罪案件,由于犯罪嫌疑人及涉案各方做贼心虚早有预料、早有所准备,进行了大量的串供、逃跑、毁弃账目资料、订立攻守同盟等不法行为,造成了办案的障碍极大、难度极高。但反贪侦查人员不畏艰难,运用谋略和行之有效的各种方法,终于将这个难案攻了下来,取得了良好的社会效果。

（一）犯罪嫌疑人概况

陈某某,男,四十八岁,大学文化程度,中共党员,系某市某重点中学校长助理、校产负责人。

（二）线索来源及主要关系点

近年来,有关的人民代表、政协委员在一些会议上多次提案;教师、群众多次反映某重点中学校长助理、校产负责人陈某某在学校破墙开店、招商引资、出租柜台过程中;在学校2000多万元投资舟山度假村过程中严重失职,造成工程全面不合格,其中有经济犯罪嫌疑,要求检察机关查处。

（三）初查工作情况

反贪局于当年年初受理该线索后,立即部署初查工作。根据该线索的特殊情况,制定了有针对性的、行之有效的初查计划和具体的措施手段。

（1）通过学校新任领导秘密全面了解破墙开店、招商引资和舟山度假村工程情况,掌握了商铺租赁后面大量的不正常情况,掌握了工程投资、付款、发包工程中大量的不正常情况。

（2）由一名负责侦查的局长和一名科长去舟山实地调查度假村的工程情况,掌握了大量舍近求远、质次价高、粗制滥造,且整个工程不监督、不验收,无条件付出全部贷款的反常情况。

与此同时,商请当地建筑行家评估了解到,此工程被高估冒算至少500万元。并分别摸清土建、装潢、建造、制冷几个无资质、无资金承包人的情况。

（3）由于此线索系长期举报,惊动面比较大,涉案各方都有警觉和防范,且利益方多次串通、订立攻守同盟,工程承包人有的出国远走高飞、有的解散公司销声匿迹、有的隐居躲藏金蝉脱壳,表面上似乎都退出了江湖、切断了瓜葛。侦查人员利用一切关系,终于找到几个隐居的工程承包人的手机号码,以谈业务为名,分别约出来谈话,然后传唤到院。

(4) 针对工程承包人已作过串供、有心理准备这一情况,审讯人员故意不直接追问行贿问题,而是有意识扩大、制造伪劣工程的严重后果并以某专门机关名义,追查资助他人潜逃的问题以施加压力,打乱了行贿人的心理准备,他们拼命解释决无有意资助潜逃的事,只是在工程中送过好处费,使侦查员较快地获取了证据。

(四) 选准传唤犯罪嫌疑人到案受讯的时机

会同学校党政领导研究方案,由单位领导出面敦促陈某某交代自己的问题,争取主动,谈话近 1 小时,陈某某态度极其嚣张,于是一局长和两名侦查员当即进入办公室,严厉指出陈某某涉嫌有犯罪,必须立即交代,并限时 30 分钟。

陈某某大吃一惊,态度有些好转,但仍称没有问题,针对此情况,局长决定将陈某某传至反贪局。

(五) 传唤后的讯问突破情况

同年 7 月 1 日下午 5 点 30 分将陈某某传至反贪局,侦查人员故意不先找其谈话,表现了检察机关对其的案件的了如指掌,成竹在胸。

午夜 0 点,一侦查科长开始主审,针对陈某某的顽固、自信,层层分析,剥去伪装,并指明主动交代的较好的结局。由于审讯准备充分,气势足,力度强,陈某某思想防线开始动摇。

审讯重点:

(1) 指出 2 000 余万元的工程全面不合格,高估冒算数百万元,造成国有资产严重流失、影响恶劣的严重后果,使陈某某认识问题不仅仅是受贿。

(2) 指出陈某某从中个人捞小回扣,他人赚大钱的实质,现在行贿人仍不卖你的情义,照样交代你的犯罪事实,至使陈某某从心里失去平衡。

(3) 指出陈某某已失去自首的机会,现在趁早交代还可以争取坦白好的“待遇”,被造成的损失可由检察机关追缴,以减轻由你造成的严重后果,使陈某某对检察院感到可信。

凌晨五点三十分,陈某某终于交代了在工程中受贿数十万余元的犯罪事实和"讲义气挑朋友发财"的心理,以及串供,订立攻守同盟,严重不负责任的行为和指导思想,挖了犯罪根源,写出了较深刻的"悔罪书"。

（六）传讯采取措施情况

由于此案举报强烈,后果严重,民愤较大,检察机关决定对陈某某依法逮捕。

（七）本案侦破的几点体会

（1）针对长期举报,查处难度大的情况,初查特别要深入、细致,要到工程第一线掌握最实际的情况和事实。

（2）初查时尽可能大容量地获取信息材料,全面掌握犯罪嫌疑人及各类知情人的情况。

（3）用计谋、技巧及不同的方式方法接触知情人、关系人到案并迅速予以争取突破。

（4）对犯罪嫌疑人充分的心理准备和知情人要面子的特点,用超常规的方法,打掉其幻想,指明出路,迫其一次交代全部问题,其思想认识基本到位。

陈某某受贿一案被法院依法判处有期徒刑10年,案发单位群情激奋,感谢检察机关为他们挖出了长期隐藏在教育一线的蛀虫,感谢检察机关尽最大的力量为学校挽回了损失。

实例之七　深入初查　以快取胜

一起发生在工程建设领域的职务犯罪案件,反贪侦查人员从反常的一些蛛丝马迹入手,秘密进行初查,通过抽丝剥茧、层层推进以发现和掌握证据,最终将犯罪嫌疑人绳之以法,为国有企业挽回了重大损失。

（一）犯罪嫌疑人概况

陈某,男,五十五岁,中共党员,系某市著名国际商厦总经理。其长期在商业系统工作,担任大商厦负责人二十多年,人脉关系相当广泛,具有一定的地位和影响。

（二）线索来源及主要疑点

某年4月,侦查人员在社会调查过程中听到群众议论:某市著名国际商厦基建工程在选购大理石时,有舍近求远、价格过高的问题,该工程负责人陈某为某市著名国际商厦总经理,大权独揽,独断专行,整个工程一个人说了算,其在权力使用过程中有收受贿赂的重大嫌疑。

（三）初查工作情况

反贪局领导根据掌握的线索,立即组织骨干进行研究,并且制定了周密的初查方案和实施步骤。

（1）首先掌握同类大理石市场价,再秘密了解该工程大理石的供货方、出厂价、该工程的实际结算价和使用大理石总量,证实其间确有不正常的巨大差额。

（2）秘密传唤外地供货方经办人来检察院接受调查,了解掌握并且获取了该工程大理石业务中每平方米加价100元,共计100万元、供货方承诺支付回扣90万元,已实付45万元,回扣全部交由中间人乍浦路某饭店老板赵某的证据。

（3）经调查赵某同陈某原系同一区属单位职工,共事多年,有共同作案的可能,因此陈有受贿的重大嫌疑。

（4）秘密传唤中间人赵某到院,针对赵的特点,加强了询问力度,12小时内获取赵某将大理石回扣中的10万元转交给陈某的口供。

（5）鉴于该商厦的建造系区重点工程的特殊情况,检察机关及时向区委报告,同时与区商委党委联系,取得党委的支持和配合,并请上级党委进一步提供陈某在其他方面行使职权的情况。

（四）选准传唤犯罪人到案接受讯问的时机

5月21日下午2点,侦查人员到达陈某办公室的同时,通知区商委纪委领导到场,共同谈话,敦促陈自首、坦白。但陈某自持久经沙场,有恃无恐,谈话无实质进展,下午五点反贪局决定对陈某依法传唤到院。

（五）传唤后的讯问突破情况

领导指示：此案犯罪嫌疑人陈某系区重点工程的主要领导，长期担任区商业系统大商厦的负责人，社会影响较大，且有一定的关系网，为争取主动，力争在12小时内突破。

反贪局班子在研究后，决定由一名副局长和一侦查科长负责主审，提高审讯规格，加强审讯力度。

第一次审讯的第一阶段，尽管陈某矢口否认有任何经济问题，但打掉了陈某的幻想，迫使其开始正视自己的问题。

第二阶段陈某对自己的问题开始松动，迫其承认有不正常的经济往来，但称是搓麻将对方给的钱。侦查人员不急于追问和驳斥，只强调收受任何不正常的钱都要交代"讲清楚"。

第三阶段陈某承认在赵某处拿过钞票，但称一直是朋友，经常搓麻将，钞票是不分你我的。

审讯的侦查人员针对陈某的掩饰，再度说明政策，指明方向，针对此贿赂经手人事先有预谋、有分工的情况暗示：你不讲，人家讲了你就失去了机会。

陈某开始进入了激烈的思想斗争、沉默。

根据情况，审讯的侦查人员言简意赅，表明了检察机关的态度后，故意暂停审讯，不露自己着急心理。

1小时后开始第二次审讯，再度加强审讯力度，陈某感到兵临城下、难以蒙混过关，凌晨5点，陈某终于交代了经赵手在大理石中受贿10万元的犯罪事实。

至此传唤到突破刚好12小时。由于陈某权力大，经手其他业务多，侦查人员进一步加大内审外查的力度，最终查实陈某利用采购基建材料、发包装潢工程、出租柜台等职权收受贿赂48万余元。

（六）传唤后采取措施情况

将陈某的犯罪事实向区委汇报，得到区委领导的支持，由有关领导及时安排接替人员，检察机关决定对陈某依法逮捕。

（七）本案侦破的几点体会

（1）侦查意识强。本线索没有举报材料，仅仅是从群众议论中获悉，予以重视，认真分析，取得实效。

（2）初查工作细。对有关价格、用量、供货人的材料详尽了解掌握，从外围证实此业务中有巨额差价和重大犯罪嫌疑的问题。

（3）动作快、措施密。对知情人传唤、突破迅速，对外严格保密，减少了阻力，防止了犯罪嫌疑人得悉后采取防范措施。

（4）及时拓展和扩大成果，在案件有所突破后，继续深入内外调查，最终使原先掌握的受贿 10 万元的线索发展至 48 万元的事实，效果明显。

（5）主动征得党委支持配合。由于陈某在区里有一定的影响，故案前及时向区委报告，求得支持，案中请上级纪委参加，取得共识，案后采取羁押强制措施前向有关领导通报，提出人员、业务衔接好的意见，体现检察机关为经济建设服务、考虑企业利益的诚意。

实例之八　抽丝剥茧　挖出巨贪

某市某基层检察院于某年 6 月立案查处的迄今为止（至当时）某市最大的一起贪污案目前终于尘埃落定。

互相勾结、狼狈为奸、攫取国家 850 万元人民币的一对罪恶拍档、某市某外贸公司副总经理胡某某、财务部副经理徐某次年 1 月被某市第二中级人民法院依法分别判处有期徒刑 12 年和 15 年，一审宣判后，胡某某、徐某均没有提出上诉，不久判决生效。

（一）蛛丝马迹查巨贪

某年 6 月 26 日，星期天。正在家里休息的某市某基层检察院反贪局长突然接到某外贸公司领导打来的一个电话，说是单位里发现重大犯罪嫌疑，需要向检察机关咨询，反贪局长二话没说，马上冒雨赶到这家公司。

据公司反映：该单位纪委在就胡某某一笔信用卡资金违规问题进行审查时，胡某某交代，他曾与公司财务部副经理徐某隐匿公司近800万元资金。

此时，公司纪委原欲查处的事实已经清楚，隐匿公司资金的情节若不构成犯罪，单位就准备作出相应的组织处理结论。

时间紧迫，涉及资金巨大，星期一刚上班，反贪局长向检察长报告后，立即布置侦查人员前往该外贸公司及其上级主管部门进一步了解情况。

初步了解的结果表明，胡某某、徐某曾将公司资金数百万元汇至外贸公司在境外的办事处，再转回国内胡某某过去的女战友化某处，用于自己开公司以及投资房地产，确有重大犯罪嫌疑。

并且，财务部副经理徐某早已把账做平，要彻底弄清事实真相，需要查账取证。

另外，化某用于投资的资金中，属于外贸公司的公款有多少？这钱究竟是挪用还是侵吞？化某与胡某某有无业务往来？这一系列问题必须通过化某才能了解清楚。可由于化某平时香港、北京、天津到处跑，一时难以找到。

侦查人员知道，若胡某某已进入检察院视线的信息被化获悉，她恐怕就更不会露面。而找不到化某，怀疑没有证据来印证，那么非常显然，该线索罪与非罪、此罪与彼罪都难下结论。

侦查人员手里只有化某的一个手机号码，仅凭这么一点线索，要找到化某谈何容易。

经过反复研究，侦查指挥决策人员作出了一个破常规的决定，以最便捷的方法，通过胡某某找化某。

经过教育开导，胡某某终于答应与化某联系，可无论是手机还是其他联系方法，都没有任何反应，人如泥牛入海。

是化某已嗅出点什么？还是我们的行动暴露了？

看来，只有让胡某某出现在化某的视线里，才会让她感觉一切正常。

"螳螂捕蝉，黄雀在后"，带胡某某去北京找化某！这是一个多么大胆的设想！

然而，正因这个设想太大胆，在检察院反贪局引起了不少担忧："带犯罪嫌疑人赴京，又不能采取强制措施，这种情况从未有过，万一有个闪失，责任谁能承担？"

可检察院及反贪局的领导考虑得更多更远：不冒风险，非但国家的损失无法挽回，而且案子更难以查清。

检察机关的职责不就是通过惩治犯罪，保护国家利益不受侵害吗？关键时刻，我们怎能仅仅想到自己的得失，困难而退呢？

检察长果断决定，由反贪局领导带领侦查人员会同外贸公司领导，带胡某某到北京找化某。

（二）千里"追击"收获丰

三名检察官与公司干部于7月3日下午飞赴北京，住到胡某某与化某经常见面的宾馆。

一到北京，胡某某又与化某联系，但仍没打通化的手机，检察官们又立即找到胡某某投资的那家房地产公司的老板孙某。

孙与化是往来密切的朋友，化还在孙那里投资房地产。于是，反贪局领导以外贸系统干部的身份，邀请孙老板吃饭，并取得孙老板的信任。

颇讲义气的孙老板在外贸系统"领导"面前大拍胸脯，"找化某包在我身上"。

孙老板果然没有食言，通过他提供的化某另一个手机号码，检察官终于和化某联系上了。

但化某不知是本来就谨慎，还是察觉到问题有些严重了，对胡某某见面的要求就是推三推四，一会儿说自己不在北京，一会儿又让外贸系统"领导"去天津。

检察官们毫不气馁，要胡某某继续与其周旋。

一天晚上，化某终于打来电话，表示今晚将"应邀"过来吃晚饭。这一消息，令被案子搞得疲惫不堪的检察官和公司领导无比兴奋。

四十余岁的化某已在商场中摸爬滚打了多年，看上去是一副十分干练的女强人模样。其实她早从胡某某那里知道，公司在查胡某某借资金的事，胡某某也曾一再向化要回那笔资金，甚至讲到："再不还我会出事的。"

而胡某某出借给化某搞房产的资金，由于房屋的有关手续办不出，无法上市被套牢，化便迟迟不还钱。这次赴京，胡某某也以公司来人追款为由，向化要钱，可化只有两个字"没钱"。

饭后，化某跟胡某某等一行人来到了宾馆，面对丝毫不肯合作的化某，检察官们亮出了自己的身份，并对她进行了严肃而耐心的政策教育。

动之以情，晓以利害，"文火炖猪蹄"地慢慢与她磨，终于，化某对其与胡某某之间的交易作了如实供述。

但这一谈到退赃问题，她的态度就变了："我没钱，要还也要将来分期还。"

"我们凭什么相信你？"

"某某（直辖）市检察院检察长是我的朋友，让他担保总行吧。"化某的口气颇大。

"行！车子就在外面，咱们马上走！"检察官也不含糊。

一见要动真格的，化某的口气就硬不起来了。检察官趁热打铁分析道："胡某某涉嫌的犯罪金额巨大，如果能还清公款，那么将来法院量刑时，就有可能得到从轻处罚。面对自己的老战友，难道你能帮不帮？"

化某沉默，似乎有所触动。

"现在你面前只有两条路，一个是帮助胡某某把这笔赃款退赔出来，另一个是作为污点证人跟我们到上海去，你看怎么办？"

化某掂出了分量，不配合显然不行。

她拿起电话，吩咐助手不论价格马上把自己的股票抛掉。接着又打电话给房产公司的孙老板，叫他无论如何立即筹借一笔钱。

孙老板经营的房产不景气，他以手头没有现款为由拒绝了。

化某手握话筒，拉开嗓门对着孙老板一阵大吼，逼着孙老板还钱。孙老板仍不吱声。

化某更火了："就是卖房子，你也要帮我筹钱，否则我就吃住在你那儿。反正不给钱，我就赖在你家不走了！"

孙老板终于答应想办法。他也果真想出了办法，让儿子又注册了一家公司，以房产做抵押，贷了一笔钱。

一夜较量的结果是，化某终于谈清了与胡某某之间往来的有关情况，签下了分期还款协议，并先退出近百万元赃款。

首战告捷，全体办案人员信心大增。7月7日，反贪局正式办理了立案手续，并继续就有关取证工作与化某联系。

期间，化某迫于胡某家属及有关方面的压力，对如实作证又产生了顾虑，一度把手机等通讯工具关掉，躲得无影无踪。检察官们通过化的父亲等有关人员向化宣传政策和法律，化终于重新出现，并如实进一步作证。

就在一路检察官往返于两地取证追赃的同时,另一路检察官也紧张地进行查证工作。

数百万元的资金,从国内打到国外,再从国外打到国内,如此一个体外循环,相当复杂,而胡某某的公司里有四个账户,三个人民币账户,一个美金账户,四个账户还相互串账,更有不少英文账单,要从一个亿的交易额里找出套取的人民币,对于非金融专业人员的检察官来说,难度可想而知。

更何况,这些账目又经谙熟财务工作的徐某一番手脚,查证极为困难。

对此,徐某曾颇为得意地说:"如果不是由'老法师'进行全面、深入的查账,我们的事账面上是看不出来的。"

然而,经过检察官一番艰辛的工作,硬是只用一星期的时间,便把账目查了个水落石出。

（三）巨蠹贪欲惊世人

愈来愈明显的犯罪事实,让检察官们大吃一惊:

胡某某于1993年2月至1994年2月,利用在某外贸公司担任副总经理兼下属子公司总经理的职务之便,与时任子公司财务部经理的徐某瞒着公司其他成员,以虚构支付货款、佣金等方法先后将子公司的公款人民币525万余元和美金10万元分别截留到昔日战友化某在香港的某公司和阿拉伯联合酋长国迪拜某公司等处。

期间,化某根据胡某某旨意,将上述525万元人民币总换成美金55万元,并将其中30万元美金亦转至"阿联酋"迪拜某公司处。

胡某某和徐某于1994年4月,再次瞒着子公司其他成员,在化某的帮助下,以化某的香港某公司投资的名义成立了该公司的子公司"利太荣公司"并在保税区注册登记,由胡某某任该公司董事长,徐任该公司副总经理。按注册申请中规定的期限,胡某某于同年8月让化某和吕某分别将藏于香港某公司的25万美元和藏于"阿联酋"迪拜某公司的30万美元汇到"利太荣公司"的账户充作该公司的注册资金。

期间,两名犯罪嫌疑人还于同年7月26日、27日和29日先后三次将自己控制的资金计人民币254万余元划入"利太荣公司"充作流动资金。

胡某某于 1995 年 12 月被调离某外贸公司。胡某某在离任前与徐某商量处置"利太荣公司"事宜,并决定不将"利太荣公司"资金和吕某归还的 10 万美元交还子公司。

徐某还根据胡某要求,隐匿了与此相关账目的凭证和其他凭证材料。

胡某某于 1999 年 6 月,在接受外贸系统领导调查其违反财经纪律的有关问题时,主动谈了被指控的有关事实;嗣后徐某在被立案调查过程中,也供认了上述事实,并主动交出了被其藏匿的相关凭证账册等。

案发后,检察机关追回赃款人民币、美元及两名犯罪嫌疑人以"利太荣公司"名义购买的房屋、汽车等计价值人民币 735 万余元的财物。

法律是威严的。某市第二中级人民法院审理后认为,被告人胡某某、徐某系受国有企业委托管理、经营国有财产的人员,其利用职务之便,擅自用国有企业的资金成立"利太荣公司",又将该公司从国有企业中剥离出来,使之变为其个人经营企业,其行为均已构成贪污罪,且贪污罪数额达 850 余万元,依法应予惩处。

其中被告人胡某某为主伙同他人犯罪,系主犯。鉴于其在组织上审查其违反财经纪律问题时,主动坦白犯罪事实,应视为自首,且绝大部分赃款已被追回,挽回了国家的经济损失,依法可从轻处罚;被告人徐某伙同他人犯罪,在共同犯罪中处于被动的从属地位,系从犯,且无瓜分和挥霍赃款,依法可从轻处罚。

某市第二中级人民法院 2000 年 11 月 10 日,以贪污罪依法分别判处胡某某、徐某有期徒刑 15 年和 12 年,并依法分别判处没收财产人民币 5 万元和 3 万元。

（四）痛定思痛悔亦迟

熟悉胡某某的人都为他惋惜不已。

1948 年出生的胡某某是革命烈士的后代,在他出生不久,母亲便随部队南下,把他寄养在老乡家里。

新中国成立后,当他被家人找到时,已病得很重,是党和政府的及时救治,让他得以健康成长。

1964 年,不满 16 岁的胡某某怀着报效党、报效国家的激情参了军,并考入解放军某军事技术学校,从此在部队一干就是 23 年。

服役期间,他长期在条件艰苦的基层工作。在部队搞生产时,他曾累得胃出血倒在田里,国防施工遇塌方抢险,又曾被砸伤。在部队待过的最后一个单位仍是地处海拔两千多米的山沟里的仓库。就是在这个艰苦的地方,由于完成任务出色,上级要给他记功,而他却要求给所在部门记了集体三等功。

部队的锻炼培养了胡某某的务实精神、敢于吃苦的奉献精神和热爱集体的团队精神,并成为一名团级干部。

1987年转业到地方后,胡某某从一般干部做起,放弃了到上级机关工作和升迁的机会,主动要求到比较困难的部门工作。凭着在部队培养的三种精神,工作取得了一定成绩,也走上了领导岗位。

正如胡某某所说,他对党也曾怀着深厚的感情,也曾一心一意想着报答党,工作也曾很出色。但自从他担任领导工作以后,放松了理论政策和法律的学习,放松了世界观的改造,功利主义、小团体主义、虚荣心和爱面子的思想不断滋长起来。认为只要有钱,就好办事,有面子,兜得转,把个人和小团体的利益看得比什么都重。

20世纪90年代初,胡某某到东欧去了一次以后,思想发生了重大变化,东欧剧变让他对社会主义丧失了信心,甚至认为:"苏联解体了,中国早晚要走这条路,以后在社会上靠的是经济实力、个人资本。"

于是,思想指挥行动。胡某某决定利用权力,在国有资金运作过程中"个人藏一块",以备今后不时所需和"发展"。

一念之差让胡某某一步步滑入罪恶的深渊。

另外,不懂法也是胡某某犯罪的一个原因。他总以为自己忠心耿耿为党工作,只要任务完成得好,好处不自己得,就不会出大问题。这种思想害了他,使他从小错到大错,最终无视党纪国法,触犯了刑律,成为罪犯。

在被羁押期间,他甚至天真地认为,钱又没花掉,只要还掉就可以了,充其量只是挪用公款。真是十足一法盲!

如今,身陷囹圄的胡某某每每想到自己的成长经历,都痛心疾首,追悔莫及。他说,"我对不起党,对不起国家,对不起企业和职工,也对不起自己的家人。我只有认罪伏法,努力改造,重新做人。"

（五）管理漏洞亟须补

胡某某、徐某一案暴露出很多问题亟须引起注意,加以补救。

一是有章可循,违规操作,账外账情况严重。

某基层检察院在办案中发现,该公司虽有较为严格的财务管理和财务审计制度,但执行不力。他们竟设置了账外账,胡某某也因此有了可乘之机,他们常常以解决经费不足、缓解经营矛盾的名义截留收入、虚列支出、钱账混乱,随意抽取调用,随意建账毁账,使得巨额资金长期体外循环,造成国资严重流失而无人察觉。胡某某等人就是采用这一手法将61万美元长期隐匿在外予以侵吞,而无人知晓。

二是有关部门对国有资产管理缺乏监控。

上级部门对企业缺乏监督和制约,上级部门要求企业每年申报企业资金运作、投资项目等情况,并须备案,但胡某某从不申报,而上级部门也不进行检查和督促,使胡某某等人的贪污犯罪时间长达六年之久才案发。有的银行为了自身的利益,允许企业设多头账户,甚至仅凭一纸申请就可随意设账,使的企业既有公开的账户,又有不公开的账户;既有单位持有的账户,也有个人控制的账户,给胡某某等人贪污公款提供可乘之机。胡某某等正是钻这一空子,多头设立企业账户,按其需要任意流动资产,造成国有资产大量流失。

三是主要领导与财务人员联手作案,具有极大的隐蔽性。

该公司财务部门负责人徐某不履行职责,为了私欲,与胡某某不谋而合,沆瀣一气,其熟谙财务工作,作案具有极大的隐蔽性。他们形成了"我拍板,你操作"、"我谋私,你掩护"的结伙犯罪形态。

四是对国企领导缺乏监督,造成权力过于集中。

虽然该国有企业内部制度齐全,要求重大投资项目的资金运作需经领导班子集体讨论,但作为公司副总经理的胡某某,要求班子其他成员不要干涉他对资金的操作,以至于胡某某独断专横,为所欲为,任意动用资金,造成权力过于集中,为胡某某贪污犯罪提供了条件。

实例之九　千里追踪　手到擒来

某市某检察院于某年7月3日破获了一起犯罪嫌疑人案发后畏罪潜逃的特大贪污案,侦查人员连续追击18天,终于将犯罪嫌疑人缉拿归案。

犯罪嫌疑人被押解到某市的当天,主要媒体均作了报道:"女出纳贪污巨款畏罪潜逃;检察官千里追踪手到擒来",一时成为了街头巷尾的热议。

犯罪嫌疑人,张某,女,25岁,系某市某国有企业财务部门出纳员,共青团员。其上海某中专会计专业毕业,进单位不足一年。

(一)迅速反应

某年6月5日,某市某国有企业财务科负责人发现出纳员张某的账上有一些差错。应该是275779.67,出纳员的账册上却是265779.67,整整相差1万元,她反复几次核对,就是少了1万元。

当向财务科负责人向张某询问时,张某支支吾吾,称是粗心做误了,下午就可以还过来。谁知,整整一个下午,会计没有看到张某的影子。张某竟然不辞而别离奇失踪了。

该企业立即向检察机关报案。当晚,侦查人员和企业领导赶到张某家里了解张某的下落。张某的父母说:"张某中午回家过一次,但几分钟后就出去了,她晚上总是要回来的。"

"等!"侦查人员决定一定要搞个水落石出来,于是与企业领导一起在其家里等张某的出现。

可是,一个小时又一个小时过去了,时针已经指向午夜零点,仍不见张某的影子。

此时,张母似乎也感觉到了事情的严重性,记起张某中午回来时拿了出国护照和身份证,好像说起第二天12点半要去日本,说话时的语调有点怪异,比往常显得低沉,有点和父母告别的意味。侦查人员的职业敏感性已经察觉,情况严重!张某有贪污的重大嫌疑,侦查人员决定,赶在当天第一班航班起飞前去机场拦截。

侦查员在机场边防检查站和保卫部门的协助下查了当天去日本的名单,没有发现她的名字。再扩大范围查,调来了去新加坡的名单、去香港的名单、去美国的名单,但都没有发现其出境的记录。

一直到当天航班结束,没有发现张某的踪迹。

(二)全面查证

侦查人员决定兵分两路,一路内部查账,一路外出找人。内部查账人员会同厂财务科从近及远,清查张某经办的所有有关账目,经过几个不眠之夜的清查,查阅了数十本各种账册和数千份各类凭证。

功夫不负有心人,侦查人员终于查实了张某全部的贪污问题:从某年8月至次年6月的短短10个月中,张某利用在财务科担任出纳员的机会,采用虚列人员冒领工资;收取现金不入账,撕下职工已经报销的原始凭证,重复报销;侵吞备用金等手法,累计贪污公款数十万多元。

负责外查的侦查人员通过大海捞针,走访相关人员上百人次,并通过市公安局口卡处和出入境资料,发现张某有一个男朋友,几乎也在同一时间下落不明。经侦查人员进一步查明,可能与张某一起潜逃的其男友情况:李某,现年27岁,是一个没有户口,没有工作的无业游民,曾去过日本、朝鲜、香港、台湾,此人来历复杂……同时,迅速摸清了张某、李某可能落脚的地方。

检察院决定:对张某、李某以涉嫌贪污罪立案侦查,并决定逮捕,层报上级向全国发出通缉令。

与此同时,侦查人员对张、李两犯罪嫌疑人经常出入的酒吧、宾馆、卡拉OK等处,进行了"拉网"调查,并且都作了秘密布网。

侦查人员在张、李两家附近守候了三天三夜,期望没带任何钱财物品的张、李两犯罪嫌疑人潜回家中提取钱物。

（三）布网追捕

发出的信息终于得到了反馈,第四天一早,传来一条信息,张、李两犯可能潜入江苏吴江。

侦查人员立即驱车直驶吴江,但未见两犯罪嫌疑人的踪影。在某市执行守候任务的侦查人员获悉,有一个从张家港市打给李家的电话。侦查人员经过短暂的分析,判断,两人在张家港的可能较大,但等侦查人员十万火急地赶到张家港时,果然发现他们到过这里,但如惊弓之鸟的张、李两人再次仓皇出逃。

侦查人员决定:按有关社会关系继续追踪南京、苏州,同时电传广州、深圳加强边控;通缉张、李两犯罪嫌疑人……

侦查人员经过分析,了解到两人有一些亲属在重要部门工作,是共产党员,于是侦查人员走访了张、李两犯罪嫌疑人的在沪的有关亲属,以进一步了解信息求得配合。

功夫不负有心人,这一招果然奏效,6月24日,一个星期天的凌晨,传来了一份内部加急电报:"两人在此……。"

电报来自河北省秦皇岛市,发报者署名为一个杨某某,一个退休潜水员。

侦查人员迅速办理有关手续,再赶赴公安局指挥中心,用公安专线电话要通了公安部、河北省公安厅并转秦皇岛市公安局,请求先行缉拿张、李两个重大犯罪嫌疑人。接着又使用电传,传去了张、李两犯罪嫌疑人在秦皇岛市可能行踪和落脚的具体线索,要求该市公安机关一旦发现立即协助将两犯罪嫌疑人代为扣押、我方马上赶到。

可是,10个小时过去了,还是什么消息也没有。

下午4点30分,检察院领导决定:千里追踪,去秦皇岛!侦查员立即起程,赶赴火车站。

然而,某市方面仍急需秦皇岛的消息。因为张、李两犯罪嫌疑人来去仓促,转移无定,当地公安机关是否已经控制了他们,对这次行动的成败至关重要。

终于,秦皇岛方面来了消息,两人于6月24日晚22时被秦皇岛市公安局扣押,现押于秦皇岛市看守所。

(四)政策攻心

侦查员火速赶到秦皇岛,当天就对张某进行提审。

张某竟然是一片痴情,把责任全部揽在自己身上,称男友李某不知内情,是无辜的。更出人意料的是,此刻张某突然对侦查人员说:"我的事情判五年差不多了吧……"。其对法律的无知,使侦查员们心情十分沉重,真是不谙世事的年轻人胆大妄为、不计后果的写照。

当侦查人员把李某诈骗钱财、骗取张某感情、挥霍她贪污来的公款、背着张某勾搭多名异性的事实,向张某一一揭露时,她痛哭流涕,后悔不已,终于交代了男友李某唆使她出逃、妄图逃避法律追究的事实。

紧接着侦查人员又对李某进行了讯问,面对李某佯装不知内情、一副受委屈不知所措的假象,侦查人员以确凿的事实和证据把李某设圈套、造假象、编事实、骗感情、策划出逃的"画皮"一层层揭露出来,终于使油嘴滑舌、所谓见过大世面的李某张口结舌,低下了习惯于摇晃的脑袋。

（五）震动社会

某市中级人民法院在开庭审理时,公诉人以确凿的证据,揭露了张某贪污的动机、手法、金额及大肆挥霍的严重罪行。

张某平日就极度虚荣,把自己打扮得十分"洋"气。近年来,"出国热"热遍某市的大街小巷,张某也想到日本去赚大钱、享"洋"福。可是,自费赴日,一大笔钱从何而来? 思前想后,张某不禁打起了自己的主意:自己不是出纳员吗? 每天不是经手不少钱吗? 于是,一个自己"动手"筹措留学经费的计划,在她的心中慢慢酝酿成熟了。

不久,她就办好了出国护照和签证,并沾沾自喜地过起了阔小姐的生活。她出门招手乘轿车,经常在酒店、饭店用餐,进而包租了宾馆客房达数月,与男友李某混在一起。

为了掩人耳目,张某还谎称自己是香港某巨富的侄女,而李某则自称是日本某株式会社驻上海办事处首席代表……短短 10 个多月,两人挥霍十六万元。案发后,还有欠债五万元。

12 月 4 日,某市中级人民法院公开开庭,在法庭上,张、李两人站在被告人席上,接受法律的庄严审判:以贪污罪判处张某死刑,剥夺政治权利终身,以包庇罪判处李某有期徒刑七年。

这是某市检察机关自恢复重建以来,第一个成功追捕潜逃的犯罪嫌疑人的案例。

实例之十　用好政策　事半功倍

某市检察机关于某年 9 月,立案侦查了某大型国有企业集团公司副总裁、某股份有限公司董事长、党委书记范某涉嫌贪污、受贿犯罪案件,由于范某系知名企业家,省级人大代表,曾经荣誉加身,因而引起了社会广泛关注。

侦查查明,范某利用职务之便,涉嫌贪污、受贿共计 2 000 余万元。2010 年 2

月11日范某被中级法院以犯贪污罪、受贿罪依法判处无期徒刑,剥夺政治权利终身,并处没收个人全部财产。

（一）立案果断　防控外逃

某年8月4日,范某持护照在前往国际机场企图外逃途中被有关部门控制,纪委机关依据对其实施"双规"调查,期间,范某的思想防线被逐渐突破,使检察机关在案件初查过程中通过查账等手段发现的其涉嫌贪污的问题初步得到了证实。与此同时,其个人涉嫌收受贿赂的问题也逐步显现,其中重要涉案行贿人曹某、张某也随之露出水面。

其实,早在范某被控制之前,范某的有关问题已是满城风雨,范被控制以后,涉嫌行贿犯罪人曹某、张某似惊弓之鸟而离开了某市,下落不明。

鉴于曹某、张某不知去向,他们外逃的可能性极大,这成为侦查人员必须首先思考和解决的重要问题,他们一旦外逃成功,后果不堪设想。于是检察机关及时对这两个涉嫌行贿人予以立案,并且采取边控措施,力求将两人控制在境内。

（二）汇总信息　分析甄别

经信息反馈,曹某、张某没有敢贸然出境,于是侦查人员利用已控制范某的有利条件,通过同范某的谈话来进一步详尽了解这两个人的情况,同时利用多种工作渠道掌握各种有关信息,以此制定相应的措施。

综合各种信息以后,侦查人员认为:

（1）曹某、张某冒险出境的可能性相对较小,其一,因为范某就是通过边境监控被阻的,不到万不得已他们不敢冒险外逃;其二,曹某、张某均具有相当规模的企业,每年有上亿的利润,为了范某而视国内的企业而不顾,可能性不大;

（2）曹某、张某隐匿起来的可能性较大,因为两人在原籍都是"声名显赫"的企业家,也是当地的纳税大户,他们往往会凭借一定的关系网来保护自己;

（3）曹某、张某可能仅仅是暂时的躲避,他们可能也在想方设法寻找解脱的方法,不排除他们有"疏通"检察机关的意图。

鉴于以上分析,侦查人员制定了主动出击、运用政策、先礼后兵、给予出路的策略,兵分两路,力争各个击破。

（三）两下江苏　赢得主动

8月中旬,侦查人员先赴江苏某地。鉴于某地纪委在当地有相当的影响力,侦查人员通过两地省级纪委系统进行了协调,当地纪委表现了积极配合的态度。侦查人员在当地纪委的配合下,找到了张某的家属讲明政策,并且表示了检察机关查清全部案件的决心。但当地纪委同志表示,张某思想斗争激烈,希望给几天时间考虑。

侦查人员掌握某制造集团长期拖欠张某所在公司的欠款这个信息以后,请该公司也配合做工作,积极维护其的合法利益。各种信息发出以后,张某终于下了决心,从深圳返回了原籍,并且通过当地纪委向我们检察机关自首。

于是侦查人员第二次到江苏某地后张某如实交代了向范某行贿数百万元的事实,而且提供了范某几次召集张某等人订立攻守同盟、伪造有关凭证的情况。张某表示,一定不串供、翻供,并且表示愿意去做曹某的工作,促使他也早日投案自首。检察机关决定对张某采取取保候审的措施。第二次去江苏某地取得了预期的效果。

（四）二赴东北　锁定目标

张某的问题解决后,曹某归案的工作就成为了当务之急,而此刻曹某仍然毫无音讯。9月初,侦查人员首赴东北,按照突破张某的成功经验,侦查人员请当地纪委协助配合,但曹某抱有强烈的戒心,不愿意接受调查,避而不见。侦查人员通过有关方面告知其我们的政策,如果坚持不归案,我们就采取全国通缉的措施。

在当地有关部门的配合触动下,曹某迫于强大的压力,终于出来交代了初步的问题,并且表示回去积极提供相应的书证材料,寄给检察机关侦查人员。当地有关部门希望有个缓冲的余地,侦查人员予以了充分的理解,便决定先行回某市。

但曹某没有完全按照承诺,迟迟不交出书证材料,于是侦查人员再上东北,一是通过其家属做工作,进一步阐明我们的政策和立场;二是以电话的方式告知其张某的例子,打消其的顾虑;三通过曹某的律师做工作,促其权衡得失,放弃观望。

经过一番艰难的心理拉锯战,曹某终于承受不住不断增强的压力,通过当地检察机关表示愿意向某市检察机关侦查人员交代全部问题。

在约定的期限内,曹某终于进一步交代了向范某行贿的问题,并且提供了范某伪造的有关凭证材料,还交出了范某外逃前交给其保管的有关材料。侦查人员果断决定对其不予关押,取保候审,曹某对检察机关实事求是、仁至义尽、给出路的做法心悦诚服。

后来在押的范某曾经多次试图翻供,范某的辩护人也找张某、曹某了解是否有新的情况,但他们证据稳定,为范某案件的顺利审理提供了有力的证据支撑。

(五) 灵活变化　几点启示

职务犯罪案件的异地取证,特别是异地查控重要的涉嫌行贿罪的污点证人历来是办案工作的一个难点,范某案件中对异地污点证人的成功取证方法有这样几点启示:

一是紧紧依靠当地党委、纪委和检察机关,以诚相见,以求得全方位的协助和配合,侦查人员要避免先入为主、担心走漏消息、不放心当地有关部门的偏见,通过换位思考,给予当地有关部门一定的主动权,这样就可能达到化劣势为优势的工作目标。

二是用足、用好、用活刑事司法政策,在办案过程中密切注意涉案行贿人的心理变化,诱导其进行利益选择,通过针对性的方法,不时调整办案方式和力度,促使其作出对我们办案有利的选择,同时在办案过程中充分考虑保护污点证人的合法权益,采取行之有效的侦查措施和手段,确保证据的获取和稳定。

三是全方位注意信息的掌握和运用,职务犯罪、特别是涉及重大的职务犯罪,特别是包括涉及异地涉嫌犯罪人员的掌控,其侦查过程中所蕴含的信息资源是非常丰富的,要千方百计收集各种信息、合理利用好这些信息资源,使侦查指挥决策得当、有效、针对性强,为办案服务,这样往往可以起到事半功倍的效果。